Diálogos sobre a vida

Dom Fernando
A. Figueiredo

Antonio Penteado
Mendonça

DIÁLOGOS SOBRE A VIDA

principium

© 2014 D. Fernando Antônio Figueiredo
© 2014 Antonio Penteado Mendonça
© 2014 APM MAFAN Serviços Ltda.
© 2014 Mitra Diocesana de Santo Amaro.

Todos os direitos reservados. Nenhuma parte desta edição pode ser utilizada ou reproduzida – em qualquer meio ou forma, seja mecânico ou eletrônico, fotocópia, gravação etc. – nem apropriada ou estocada em sistema de banco de dados sem a expressa autorização da editora.

Todas as citações de trechos bíblicos foram retiradas da Bíblia Sagrada Ave-Maria da Editora Ave-Maria.
Todos os direitos reservados.

Preparação de texto: Valeria Braga Sanalios
Revisão: Isabel Jorge Cury e Erika Nakahata
Consultor editorial: Cláudio Fragata
Design de capa: Andrea Vilela

Texto fixado conforme as regras do Novo Acordo Ortográfico da Língua Portuguesa (Decreto Legislativo nº 54, de 1995).

CIP-BRASIL. CATALOGAÇÃO NA PUBLICAÇÃO
SINDICATO NACIONAL DOS EDITORES DE LIVROS, RJ

F49d
Figueiredo, Fernando Antônio
Diálogos sobre a vida / Dom Fernando Antônio Figueiredo, Antonio Penteado Mendonça. – 1. ed. – São Paulo: Globo, 2014.
il.

ISBN 978-85-250-5615-3

1. Filosofia e religião. 2. Teologia. 3. Filosofia.
I. Mendonça, Antonio Penteado. II. Título.

13-07820
CDD: 210
CDU: 2-1

1ª edição, 2014

Direitos exclusivos de edição da Editora Globo S.A.
Av. Jaguaré, 1485 – 05346-902 – São Paulo – SP
www.globolivros.com.br

Para todas as pessoas de bem que acreditam num mundo melhor e numa vida mais justa.

Sumário

Prefácio – A busca de nós mesmos.... 9
Introdução............................. 13
Capítulo 1 – Estrada.................. 19
Capítulo 2 – Misericórdia............ 25
Capítulo 3 – Livre-arbítrio.......... 31
Capítulo 4 – Fidelidade.............. 37
Capítulo 5 – Empenho................. 43
Capítulo 6 – Sinceridade............. 49
Capítulo 7 – Limites................. 55
Capítulo 8 – Amizade................. 61
Capítulo 9 – Escolha................. 69
Capítulo 10 – Compreensão........... 75
Capítulo 11 – Retribuição........... 81
Capítulo 12 – Vida.................. 87
Capítulo 13 – Mulher................ 93
Capítulo 14 – Diferenças............ 99
Capítulo 15 – Herói................. 105

Capítulo 16 – Humildade............. 111
Capítulo 17 – Aceitar................ 117
Capítulo 18 – Simplicidade........... 123
Capítulo 19 – Amor................... 129
Capítulo 20 – Soma................... 135
Capítulo 21 – Rezar.................. 141
Capítulo 22 – Entrega................ 147
Capítulo 23 – Superação.............. 153
Capítulo 24 – Alternativas........... 159
Capítulo 25 – Recompensa............. 165
Capítulo 26 – A cada um o que é seu.. 171

Prefácio
A busca de nós mesmos

HÁ QUEM SUSTENTE QUE BASTARIA a qualquer ser humano ler um só livro durante a vida. A leitura escoteira seria suficiente à aquisição de todo o conhecimento, e da mais completa experiência, desde que esse livro fosse a Bíblia. Nela há uma enciclopédia de informações, capazes de modificar o leitor. Todos os sentimentos podem ser extraídos de suas tramas: lutas, conquistas, mistérios, estratégias e revelações. A Bíblia traz uma síntese eloquente do significado da aventura vital. Quantos romances foram inspirados pela releitura dos textos sagrados? Qualquer alienígena que adentrasse este planeta e quisesse decifrar o homem chegaria bem próximo da verdade ao se debruçar sobre as Escrituras.

    Este livro, oferecido à saborosa apreciação de todos os públicos, é um recorte das infinitas opções abertas a quem se proponha a encontrar as balizas do bem viver e foi escrito a partir da mais lida e mais comentada de todas as obras. Seu ingrediente: um cultor da Patrística, feito especialista por talento pessoal e permanente empenho na história dos primeiros próceres da Igreja, que procede de uma exegese notável de selecionados textos. O fruto dessa hermenêutica é comentado por um artífice comprovadamente sedutor na formatação de originalidades. Um cronista versado e experimentado em vasta geração de temas. Verso e reverso, ponto e contraponto, visão côncava e convexa. Estão aqui refletidas as fecundidades da mensagem absorvida por espíritos lúcidos. Um recado suscetível de fazer proliferar visões caleidoscópicas e nutrientes.

Temas permanentes e universais adquirem tonalidades inesperadas. Disparam o pensar sob a sua mais relevante operação, o refletir. Se é próprio a qualquer ser humano a impossível interrupção do pensamento, as requisições cotidianas o impedem da imprescindível oportunidade de meditar. Recolher-se à intimidade analítica de proposições é motor de conversão. Não há quem continue o mesmo após um encontro com enunciados fortes. A concepção heraclitiana de que ninguém se banha duas vezes nas águas do mesmo rio é emblemática. Fragmentos tantas vezes relidos adquirem outra intensidade quando submetidos a focos provindos de origens distintas. É exatamente o que se constata neste livro: o devoto e o leigo, o sagrado e o profano, a fé e a dúvida, a crença e o ceticismo são explorados com instigante maestria. Ganhará com isso todo aquele que se detiver na degustação destas primorosas linhas.

Uma operação desse porte, levada a efeito por Dom Fernando A. Figueiredo e por Antonio Penteado Mendonça, não restaria desacompanhada no cosmos literário. O Cardeal Carlo Maria Martini dialogou com Umberto Eco, e a publicação *Em que creem os que não creem?* foi um fenômeno mundial. Joseph

Ratzinger e Jürgen Habermas fizeram o mesmo. É preciso ter uma singular vocação para captar um excerto das Escrituras e torná-lo um fato pictural, um quadro com novas cores, fabricar um objeto poético criativo. Neste atraente exercício dialogal, os autores evidenciam uma percepção própria e a traduzem na linguagem coloquial comprobatória de que o conteúdo apreendido é de uma exuberância inesgotável.

O homem é uma explosão de consciência, como afirmou Teilhard de Chardin. Explosão que, numa vocação natural, edificou a civilização. "A vida hipercentrou-se sobre si mesma, a ponto de ser capaz de previsão e de invenção. Tornou-se consciente 'em segundo grau'. O bastante para conseguir, em algumas centenas de milênios, transformar a superfície e a face da Terra."[1] Revisitar um texto milenar e extrair dele mensagens contemporâneas evidencia que a humanidade é movida por extraordinária capacidade de expansão, extrema velocidade de diferenciação, persistência inesperada do poder de germinação e criatividade. Tal releitura propõe a ratificação das opções formatadas na infância, que aos habitantes dessa *civilização cristã* legou alicerces sedimentados e, simultaneamente, a retificação das veredas tortuosas às quais nossa tola soberba nos conduziu. Com isso, tende-se a estabilizar a marcha, com uma percepção mais clara do verdadeiro sentido da vida.

A técnica adotada pelos autores deste livro propõe uma gradual apreensão de suas lições. Sim, são lições válidas, formuladas com o intuito de fazer pensar no rumo inevitável da conquista – ou reconquista – da verdade. Esta é a busca irrever-

---

[1] CHARDIN, P. Teilhard de. *O lugar do homem na natureza*. Lisboa: Instituto Piaget, 1956, p. 81.

sível: o autoconhecimento e o conhecimento da vida. E, a cada vez que nos apropriamos de uma parcela da luz, parece que nos deparamos com um novo abismo. O mundo tem mesmo um caráter abismal, como Heidegger enxergava. "E esse abismo só se abre – no sentido de se desvendar – se filosofamos, mas não se acreditamos já saber do que estamos falando."[2]

Dom Fernando e Antonio sabem do que estão falando. E partilham conosco a sapiência adquirida no estudo discernido de questões perenes. Recobram-nos a convicção de que a consciência é o pressuposto fundamental para continuar a se encantar pelo mundo e para perseverar na trajetória rumo à desejável perfectibilidade. Convidam-nos à vontade de entrega ao recolhimento, ao encontro consigo mesmo, tão difícil no desencontro cotidiano.

Entreguemo-nos a esse saboroso alimento da alma, tão necessitada de reforço em dias em que há a predominância do corporal, do material, do tangível e do transitório. Recuperemos, graças à busca de ambos os autores, valores que já habitaram nosso íntimo, alguns dos quais talvez estejam relegados a espaços esquecidos da memória. Enfim, este livro é uma oportunidade singular do resgate de nós mesmos.

JOSÉ RENATO NALINI
Presidente do Tribunal de Justiça do Estado de São Paulo

---

[2] HEIDEGGER, Martin. *Introdução à filosofia*. São Paulo: Martins Fontes, 2009, p. 53.

Introdução

Por que escrevemos este livro? Antes de tudo, pelo nosso espanto diante do milagre do universo e, dentro dele, do milagre da vida. Por que a vida aconteceu num planeta pequeno girando em volta de uma estrela de quinta grandeza? Que forças se uniram para dar origem ao ser humano? Tais respostas ficam ainda mais distantes numa noite de lua cheia, quando olhamos o céu e a vemos imensa, clareando a escuridão. Não entendemos como as forças naturais agem; o que é a lei da gravidade e por que ela existe; por que a Lua não se afasta da Terra e como seu movimento interfere no movimento das marés. Dos encontros semanais na Academia Paulista de Letras nasceu uma empatia grande, que nos leva a conversar sobre assuntos de todas as naturezas, mas especialmente sobre aqueles para os quais não existe resposta.

Por que estamos aqui? Qual o nosso destino? Temos uma missão? Por que a vida acontece de um jeito para uns e de outro para outros? Para onde vamos? O que podemos fazer para viver melhor? Não sabemos. Como ocorre com todo ser humano, nossas limitações nos impedem de enxergar as respostas escondidas no seio de Deus. Porque Deus é eterno, Ele sabe tudo, vê tudo. É Ele quem confere existência a tudo que é ou vem a ser, inclusive a nós, que participamos de Sua vida.

Mas, na composição do universo, somos menos que um grão de areia empurrado de um lado para o outro pela marola que molha a praia. Vírus e bactérias invadem nosso corpo quando ficamos doentes. Quem pode provar que não somos tais vírus e bactérias infestando o corpo de um "gigante"? Afinal, o universo repete em suas formas a composição dos átomos, das células, de tudo o que forma nosso corpo.

O ser humano precisa de respostas. Mesmo que as certezas não sejam absolutas, mesmo que as verdades variem de pessoa para pessoa, mesmo que milhares de diferenças nos separem dos bilhões de outros seres humanos que vivem sobre a Terra, nós somos seres humanos. Somos semelhantes. Independentemente de cor, raça, credo, time de futebol ou condição social, somos todos seres humanos. A chama divina dentro de cada um é a mesma, o toque de Deus.

Dividimos o mesmo planeta, cada um com seu destino, cada um com sua condição, cada um com suas crenças, família, amigos, grupo social, nação.

Dentro desse cenário, compete a cada um de nós viver da melhor maneira possível. A maior dádiva que Deus deu ao homem é o livre-arbítrio, ou seja, a possibilidade de escolher, de fazer ou deixar de fazer; de *como* fazer. Ao dar a chama divina ao ser humano, Deus também nos deu escolhas. Existe o bem e existe o mal. Cabe a cada um de nós viver de acordo com regras que auxiliem a vitória de um ou de outro.

Ao longo da história das sociedades humanas, há regras que visam à vitória do bem. No mundo moderno isso não é diferente. Mas a atualidade apresenta desafios novos, inéditos na história do homem sobre a Terra. E temos que conviver com esses desafios a partir das regras sociais. Mas também precisamos ter nossas próprias regras e crenças, que nos permitam escolher como e o que fazer diante de cada situação.

Dom Fernando escreve diariamente uma reflexão baseada num trecho do Novo Testamento. Nelas, analisa e interpreta as passagens da vida de Jesus, expondo as premissas básicas que dão suporte à fé e ao comportamento humano no dia a dia. Antonio, lendo quase que diariamente as reflexões de Dom Fernando, encontrou nesses textos um rico campo para buscar respostas, mas não para as perguntas maiores, cujas respostas não conseguimos compreender, e sim um diálogo interior, envolvendo a postura do ser humano diante da sua realidade. Como se comportar diante da adversidade? Como se comportar num momento de sorte? Como fazer escolhas?

Conversando sobre isso, decidimos somar nossos textos, criando um diálogo complementar ao leitor, capaz de apontar parâmetros para avaliar os momentos, analisar as situações e, caso se sinta à vontade, tomar decisões.

Está, porém, longe de nós, autores, o poder de trazer as respostas. Também está longe de nós qualquer pretensão de revelar a verdade. Nós não temos a verdade – buscamos a verdade.

A proposta deste livro é servir como um pequeno apoio para quem também é um buscador da verdade e deseja encontrar a paz, na certeza daquele que nos espera no silêncio do seu amor. Essa confiança amorosa é a melhor forma de se posicionar diante da existência, bem ao lado do bem, que deve prevalecer ao longo da nossa jornada.

Dom Fernando A. Figueiredo
Antonio Penteado Mendonça

DIÁLOGOS SOBRE A VIDA

Jo 14,6-14: Eu sou o caminho, a verdade e a vida

6 *Jesus lhe respondeu: "Eu sou o caminho, a verdade e a vida; ninguém vem ao Pai senão por mim.* **7** *Se me conhecêsseis, também certamente conheceríeis meu Pai; desde agora já o conheceis, pois o tendes visto".* **9** *[...] "Aquele que me viu, viu também o Pai. [...]* **10** *[...] As palavras que vos digo não as digo de mim mesmo; mas o Pai, que permanece em mim, é que realiza as suas próprias obras."*

I – Estrada

Para meditar

Jesus é o caminho para o Pai. O caminho percorrido no passado pelo povo de Israel, que atravessou o deserto conduzido por Moisés para chegar à Terra Prometida. No tempo presente, com "nossos olhos agora iluminados pelo colírio da fé", como escreveu Santo Agostinho, somos conduzidos não por Moisés, mas pelo Divino Mediador, pois diz Jesus: "Ninguém vem ao Pai senão por mim".

Por meio de Jesus, Deus veio ao mundo para buscar "a ovelha desgarrada" e, quando o Filho se eleva ao Céu, "apresenta ao Pai a humanidade reencontrada" (Santo Irineu). Eis o objetivo da vinda de Jesus: reconciliar-nos com Deus, para que Nele encontremos a imortalidade e possamos atingir nossa plena realização. Graças ao sangue precioso de Cristo, tornamo-nos criaturas renovadas, livres de todo pecado, pois, realizada em Jesus, a obra redentora acontece em nossa vida.

Jesus é o Mestre que, com Sua palavra e Seu exemplo, mostrou à humanidade o caminho que leva ao Pai. É necessário percorrê-lo para se chegar à meta primordial. Assim, durante a vida terrena, vendo Jesus com os olhos da fé, já contemplamos o Pai em Seu amor infinito por nós.

No Senhor repousa a nossa esperança de salvação eterna, pois, sendo Deus, tornou-se um de nós para que o homem não permanecesse distante Dele. Em Jesus, Deus tornou-se íntimo dos homens. O abismo da distância entre nós e Deus é transposto pela Cruz. Ao seu tempo, dizia Santo Agostinho: "Por Jesus Cristo vós chegais a Jesus Cristo. Por Jesus Cristo homem, vós chegais a Jesus Cristo Deus: pelo Verbo feito carne, vós chegais ao Verbo que no começo era Deus". Diz hoje o Papa Francisco: "Quando caminhamos sem a Cruz, edificamos sem a Cruz ou confessamos um Cristo sem Cruz, não somos discípulos do Senhor – somos mundanos, somos bispos, padres, cardeais, papas, mas não discípulos do Senhor".

Jesus é a verdade e a vida. Por essa razão, Ele é o caminho para se chegar ao Pai. Se acolhermos Jesus e vivermos a sua mensagem, seremos conduzidos por Ele, chegaremos ao Pai e, maravilhados, reconheceremos que Jesus é a face humana de Deus.

A verdade, revelada por Cristo, é vida na comunhão com o Pai e é comunhão de vida com os irmãos. Pois a prática das virtudes, por meio da palavra, do ser ou do querer, cria um dinamismo interior que nos possibilita viver em comunhão com o Pai e dar acolhida ilimitada ao próximo. Desse modo, participamos sempre mais da vida divina e, junto com Santo Irineu, podemos dizer: "A glória de Deus é a vida do homem, e a vida do homem é a visão de Deus".

* * *

Ó Cristo, poder e sabedoria de Deus, protegei-me de todo mal e sede meu caminho desde a infância até a velhice. Vossa Palavra me coloca em contato com a confiança, adormecida nas profundezas de minha alma, e eu digo: Meu Deus, eu confio em Vós! Amém.

Para refletir

A vida do ser humano pode ser representada como uma estrada. Sai de um ponto em direção a outro, atravessa terrenos de todas as naturezas, decide o rumo nos cruzamentos, entra em atalhos, volta ou não, passa por lugares belos e feios, encontra gente, de noite para em pousos e palácios, de dia faz a refeição debaixo de uma árvore, numa venda, num restaurante de luxo, divide o pão, empresta o cantil e, num determinado momento, chega a um lugar que ninguém sabe qual é, onde a jornada termina.

Ninguém escapa de seu destino. Pode ser melhor ou pior, depende do ponto de vista, como depende de como se percorre a estrada, na medida em que, se não é possível interferir no rumo da vida, é possível interferir na forma como nos comportamos em cada situação.

Nada é mais verdadeiro do que a frase: "Ele estava no lugar errado, na hora errada" ou seu oposto: "Ele estava no lugar certo, na hora certa". Não somos nós que nos colocamos no lugar certo ou no lugar errado, mas, estando nele, temos como decidir o que fazer, pelo menos até certo ponto.

A estrada de cada um é única. Não existem duas vidas iguais. Cada qual vive a sua experiência individual e ela não é divisível. O que eu vivo é diferente do que você vive, porque sua vida é diferente da minha, porque eu sou diferente de você, porque cada um tem suas verdades, seus princípios, sua forma de ver o mundo e de interagir com ele.

O que é bom para um não é necessariamente bom para o outro. O que é belo para um não é belo para o outro. Mas o que é certo para um deve ser, em linhas gerais, certo para todos. Alguns comandos são maiores do que a lei dos homens. "Não matarás, não roubarás, não mentirás." São ordens que vêm da própria condição humana. Da mesma forma, os direitos à vida e à busca pela felicidade são direitos que ninguém pode nos tirar. Fazem parte da nossa natureza. São nossos porque somos seres humanos.

Ao longo da estrada da vida encontramos situações que nos colocam à prova. Que nos desafiam, nos obrigam a decidir. Nos fazem cruzar um trecho de sombra, um descampado plano, uma íngreme montanha. Do mesmo modo que nos fazem sair de um lugar protegido, de uma casa farta, de uma caverna escura.

Cada um tem seus motivos e nenhum motivo é melhor ou pior, há que se respeitar os motivos dos outros e aceitar as regras da vida dentro do grupo. Assim como eu te respeito, você deve me respeitar. Minha verdade é tão boa quanto todas as outras verdades. Assim como a sua é tão boa como a minha. E as nossas verdades, em conjunto, formam uma única grande verdade, que serve de base para a verdade de cada um. Para a vida de cada um. O importante é fazer bem-feito o que deve ser feito. Afinal, o mundo será um lugar melhor como consequência das nossas ações de cada dia. Cabe ao homem de bem, dentro de toda a sua limitação, procurar fazer hoje melhor do que ontem e amanhã melhor do que hoje. A vida só tem sentido quando o ser humano procura fazer sua parte para o bem comum.

Mt 18,21-19,1: Parábola do devedor implacável

21 Então, Pedro se aproximou dele e disse: "Senhor, quantas vezes devo perdoar a meu irmão, quando ele pecar contra mim? Até sete vezes?". **22** Respondeu Jesus: "Não te digo até sete vezes, mas até setenta vezes sete".

2 – Misericórdia

Para meditar

A Bíblia atribui um valor simbólico ao número sete. Do Gênesis ao Apocalipse, há inúmeros exemplos disso. Deus fez o mundo em sete dias. Zacarias menciona um candelabro de sete lâmpadas. São sete os selos do Apocalipse, bem como são sete os anjos do Senhor, que tocam sete trombetas. A insistência bíblica com o número sete tem um importante motivo: ele representa a totalidade e a perfeição. No versículo mencionado anteriormente, retirado do Evangelho de São Mateus, Jesus utiliza o número sete para nos fazer compreender o alcance do perdão divino. A expressão "setenta vezes sete" possui o significado de perdoar indefinidamente, de perdoar sempre.

Para responder à pergunta de São Pedro, Jesus narra a parábola do devedor implacável. Refere-se a um rei que resolve acertar contas com os seus servos. Um deles lhe devia

10 mil talentos, o que equivalia a cinquenta vezes mais do que o total dos impostos da Galileia e da Pereia. Uma quantia realmente elevada. Jesus compara essa imensa dívida com a que temos em relação a Deus. Em outras palavras, nossa dívida é insolúvel. Caindo aos pés do rei, prosternado, o servo devedor lhe pede: "Dá-me um prazo e eu te pagarei tudo". O rei então se compadece, "soltou-o e perdoou-lhe a dívida". Sendo justo, Deus não deixa de ser misericordioso. De fato, em Jesus, Filho Unigênito de Deus, a Redenção é concedida ao gênero humano. Realiza-se, objetivamente, a remissão dos pecados de toda a humanidade. Exclama Santo Hilário de Poitiers: "O maravilhoso mistério dos 'setenta vezes sete' quer expressar, com esse número especial, todos os pecados de todas as gerações nele simbolizados como também completamente perdoados".

No entanto, o devedor, cuja imensa dívida havia sido perdoada, encontra-se com um homem que lhe deve cem denários, uma quantia irrisória naquela época. Tal disparidade irá ressaltar seu odioso comportamento: ao invés de perdoá-lo, ele manda "lançá-lo na prisão até que pagasse o que devia".

A parábola atinge seu objetivo, que é associar o perdão dos homens ao perdão de Deus. Nossa conduta, diante do próximo, deve ser idêntica à que o Senhor adota em relação a nós. Agindo como o devedor da parábola, não estaríamos de fato acolhendo o perdão de Deus, pois quem o acolhe experimenta a misericórdia divina no coração e a manifesta em relação aos outros. Não perdoar nosso semelhante é negar a misericórdia do Pai. É estar fechado ao perdão de Deus. Nenhuma ofensa que nos possam fazer se compara ao débito devido ao Pai. Como pronunciou São

Cirilo de Alexandria: "Deus nos perdoa de nosso imenso débito se libertamos o nosso próximo do seu débito de cem denários, ou seja, daquela pequena culpa que, porventura, ele tenha cometido contra nós".

Quem é perdoado por Deus sente a sua infinita bondade e misericórdia e estará pronto a perdoar setenta vezes sete. E, mesmo assim, escreve São João Crisóstomo: "Se tu perdoas teu irmão setenta vezes sete por dia, tu nada fizeste de magnífico: ao contrário, tu ainda estás longe da clemência do Senhor e tu não chegarás a dar tanto quanto recebeste".

* * *

Senhor Deus, Mestre da verdade, nada Vos é desconhecido. Eu estava longe de Vós e Vós me perdoastes. Vós, que vencestes a morte, estais comigo, isso é suficiente para mim. Que na força de Vossa graça eu cante sempre Vossa misericórdia e seja o perdão para todos! Amém.

Para refletir

A misericórdia divina é infinita. Deus se compadece do ser humano porque, através da natureza, foi quem o criou. Deus conhece o ser humano, sabe suas qualidades e fraquezas. Sabe que ele erra, peca, que faz o que sabe que é errado fazer. Deus é perfeito e sabe que o ser humano é imperfeito. Por isso, Deus tem misericórdia do ser humano. Quer dizer, Deus se apieda, sente compaixão, se compadece quando erramos. Da mesma forma que Ele fica contente quando acertamos ou quando erramos e nos arrependemos do erro.

Deus criou o Universo, as estrelas, os cometas, os planetas e, lá no fim da longa obra, criou também o ser humano. Mas não o colocou no centro do Universo, nem num lugar de destaque dentro da Sua obra. Pelo contrário, Deus colocou o ser humano num planeta pequeno, que gira em volta de uma estrela de quinta grandeza. E Deus fez isso porque considerou que era o tamanho certo para ele, aquela era sua medida no meio do Universo. O homem é uma forma de vida que se desenvolveu em função da natureza de um planeta, escolhido por Deus para ser o espaço destinado a um ser criado por Ele para desempenhar uma determinada tarefa.

Deus sabe que o ser humano não é perfeito. Como Deus sabe que nada no Universo é perfeito. A perfeição é um atributo de Deus. Como apenas Deus possui esse atributo, e apenas Deus é composto de tudo que existe, nada além Dele pode ser perfeito. Muito menos uma forma de vida espalhada pela superfície de um planeta pequeno e com pouca importância dentro do conjunto do Universo.

Mas, se o ser humano é isso, Deus sabe que ele é isso e, ainda mais, sabe também que participa da sua própria essência divina, ou seja, o ser humano foi criado por Deus como uma forma de vida especial, com uma chama divina, destinada a suportar sua missão para a realização do mistério do Universo.

Como foi Deus que criou o ser humano, o conhece melhor do que nós mesmos nos conhecemos. Deus sabe que o ser humano erra e, por isso, está sempre pronto a perdoá-lo.

Mas, se Deus é perdão e, de acordo com a passagem do Novo Testamento, perdoa setenta vezes sete cada vez que o ser humano erra, Ele só o faz se o próprio ser humano se perdoar.

Para Deus o perdão divino só tem sentido se antes dele o ser humano se arrepender do seu erro. Ou seja, Deus perdoa desde que a pessoa que praticou a ação se arrependa dela e de seus resultados.

Não adianta jogar o erro na conta da misericórdia divina se o arrependimento não estiver vivo dentro da pessoa que errou. Para que Deus perdoe é fundamental que a pessoa perdoe antes – a si própria e aos outros que a feriram ou machucaram.

Se o ser humano perdoa seus próprios erros, Deus perdoa os erros do ser humano. E se o ser humano perdoar os erros de quem o ofendeu, Deus vai além do perdão e o recompensa, porque o ato de perdoar o próximo é mais difícil do que perdoar a si mesmo.

Mt 24,42-51: Vigiar para não ser surpreendido

42 *Vigiai, pois, porque não sabeis a hora em que virá o Senhor.* **43** *Sabei que se o pai de família soubesse em que hora da noite viria o ladrão, vigiaria e não deixaria arrombar a sua casa.* **44** *Por isso, estai também vós preparados, porque o Filho do Homem virá numa hora em que menos pensardes.*

3 — Livre-arbítrio

PARA MEDITAR

DEUS NOS OFERECEU O MAIOR E O MAIS BELO tesouro: Seu Reino de paz, de alegria e de justiça. Mas podemos perdê-lo se não estivermos vigilantes. O Evangelho de São Mateus deixa claro que ninguém, além do Pai, sabe o dia em que Jesus voltará para o Juízo Final. Assim como aconteceu nos tempos de Noé, acontecerá na vinda do Filho de Deus: "Nos dias que precederam o dilúvio, comiam, bebiam, casavam-se e se davam em casamento, até o dia em que Noé entrou na arca". Os homens não desconfiavam de nada, até que as águas do dilúvio vieram e levaram a todos.

O próprio Cristo adverte: "Assim acontecerá na vinda do Filho do Homem". Orígenes, grande escritor do século III, aconselha os homens que se mantenham em vigília pela volta do Senhor tanto à tarde, à meia-noite, ao canto do galo, quanto de madrugada. Trata-se de uma comparação com as diversas idades do homem, ou seja, devemos nos manter vigilantes na juventude, na meia-idade, na velhice e na mais avançada fase da vida. Afirma Orígenes: "Virá o Senhor ao que não deu sono aos seus olhos, nem descanso às suas pálpebras, e guardou o mandamento daquele que disse 'vigiai em todo o tempo'". Ocorrerá, então, a parusia, a volta de Jesus, em Sua glória no tempo do Fim. Os que se prepararam, seguindo os Seus ensinamentos, participarão da plenitude da Sua alegria na glória do Pai. Mas agora, ao longo da jornada da vida, eles reconhecem que a alegria não dispensa a cruz, ela a compreende e é vivida por todos os que abraçam os sofrimentos de Jesus e se empenham em aliviar as dores e angústias de seus irmãos.

Jesus adverte a Seus discípulos que nem os anjos do céu sabem quando será a volta do Senhor à Terra, e ainda avisa: "Não vos pertence saber". São João Crisóstomo vê nessas palavras o apelo do Senhor para que "cada um sempre o espere e sempre se empenhe" no serviço aos pobres e desvalidos.

A tradição cristã chama o momento após a morte de julgamento pessoal, para distingui-lo do julgamento último, universal, embora também ele não deixe de ser pessoal. É necessário viver cada instante, intensamente, segundo a vontade do Pai, em comunhão com o outro, cuja alteridade permanece irredutível. Então, a alma, incendiada pelo amor proveniente de Deus, é atraída à profundidade do mistério da Trindade e vive, no Espírito, a alegria da comunhão.

* * *

Senhor, Vós olhais tanto o rico como o pobre não de acordo com suas riquezas, mas de acordo com o amor que cada um traz em seu coração. Que Vossa luz ilumine nossas trevas e o calor do Vosso amor dissipe nosso frio interior! Amém.

Para refletir

Será que o ser humano merece os tesouros de Deus? Deus oferece ao ser humano a recompensa de Sua paz e a calma de Sua alegria. Cabe a nós escolher o caminho para elas. Cabe a ele ser, estar e fazer de acordo com Sua consciência, que é o espelho da consciência de Deus, baseada no certo e no errado que todos, por instinto, sabem o que é.

A rotina da vida pode distorcer nossa compreensão, enganar os sentidos, dar a sensação de que a paz é um estado de graça, dado por Deus, sem exigir contrapartida. Mas não é assim. A paz e a alegria são possíveis, mas só estarão ao nosso alcance se fizermos por merecê-las. Como o perdão divino – que só é dado se o ser humano souber se perdoar e perdoar o próximo –, também a paz divina é conquistada por merecimento. Ela não cai do céu, é fruto da forma de vida escolhida pelo indivíduo. Quem se porta bem escolhe uma estrada clara e definida, se impõe um objetivo útil, sabe distinguir o bem do mal e o bom do mau. Quem escolhe ser bom e fazer o bem no final da jornada terá paz e, consequentemente, como recompensa, alegria.

Quem encontra a paz recebe Deus, sente a chama divina ser parte de si. Por isso, essa pessoa acontece em vida. Seu corpo serve de altar para receber a felicidade embutida na certeza de ter feito da melhor forma.

Quando o ser humano verá Deus? Quando chegar a hora. Nem antes, nem depois, apenas no momento da ressurreição, que ninguém sabe quando será.

Mas, se não nos é possível vê-Lo, é possível senti-Lo pulsando dentro de nós. Todo ser humano pode sentir Deus dentro de si. Basta aceitá-Lo, aceitando as regras básicas para viver bem, com respeito ao próximo e a si mesmo.

Diante do Divino não há culpa coletiva. Cada um, sendo parte do Universo, é responsável pelos seus atos. Eles não são transferíveis nem podem ser negados, jogados para cima, como se a sorte, e não a vontade, fosse responsável por eles. Assim, se a culpa é individual, o julgamento também é individual, bem como a recompensa.

Todos têm a liberdade de escolher como proceder. Livre-arbítrio é isso. É a possibilidade de agir de acordo com sua vontade, seja para o bem ou para o mal. O livre-arbítrio é o maior presente de Deus para o ser humano. É ele que nos diferencia dos outros animais. Nos faz únicos. O ser humano tem consciência. Tem noção da existência de Deus. Ele sabe o que faz, o que é certo e errado. Assim, tem capacidade para prever as consequências de seus atos. Por isso, no julgamento final, as atitudes de cada um serão levadas em conta individualmente. Mas, antes disso, existe já uma recompensa. A possibilidade de ser feliz, de viver bem, com os preços pagos, se concretiza no dia a dia e traz paz e alegria para quem segue as regras, para quem age bem.

Mc 6,17-29: Morte de S. João Batista

17 Pois o próprio Herodes mandara prender João e acorrentá-lo no cárcere, por causa de Herodíades, mulher de seu irmão Filipe, com a qual ele se tinha casado. **18** João tinha dito a Herodes: "Não te é permitido ter a mulher de teu irmão". **22** [...] Disse o rei à moça: "Pede-me o que quiseres, e eu to darei". **24** Ela saiu e perguntou à sua mãe: "Que hei de pedir?". E a mãe respondeu: "A cabeça de João Batista".

4 – FIDELIDADE

PARA MEDITAR

O PROFETA JOÃO BATISTA ERA PRIMO DE JESUS e durante muito tempo pregou no deserto da Judeia a vinda do Messias: "Depois de mim vem outro mais poderoso do que eu, ante o qual não sou digno de me prostrar para desatar-lhe a correia do calçado". Herodes mandou decapitar João Batista e entregou a cabeça do profeta a Salomé, filha de sua cunhada Herodíades, com quem havia se casado. Quando Jesus começa a pregar a Palavra divina e a fazer milagres, Herodes o confunde com João Batista. Escreveu Orígenes: "Herodes pensava que João Batista tivesse ressuscitado depois de ter sido decapitado, e que agisse agora na pessoa de Jesus".

O Evangelho de São Marcos, de onde foi retirada a citação que abre este capítulo, relata a morte de João Batista como uma espécie de prelúdio à missão redentora de Jesus. Ele é apresentado como precursor do Cristo por sua morte, como o foi por sua pregação. Muitos cristãos chegam a apontar semelhanças entre os dois. Ambos foram profetas e ambos testemunharam a verdade ao preço da própria vida. João Batista foi assassinado por ordem de Herodes e Jesus, depois de ser entregue a Pôncio Pilatos por seus adversários, morreu na cruz.

Quantos seguiram Jesus no martírio, fortalecidos no coração pelo amor a Deus e por sua verdade! João Batista preferiu afrontar o ódio do rei em vez de negar os mandamentos de Deus apenas para adulá-lo. Embora aconselhado por João a deixar o pecado do adultério, porque Herodes vivia em concubinato com a mulher do próprio irmão, o rei preferiu livrar-se do homem que o advertia de seu erro. Observa São Pedro Crisólogo: "A virtude torna-se indesejável para aqueles que são imorais; a integridade é motivo de sofrimento para os corruptos; a misericórdia é intolerável aos cruéis".

Orígenes descreveu os últimos momentos da vida de João Batista mostrando que o profeta morreu com a certeza de dever cumprido: "João reprovava Herodes com a liberdade de um profeta. Levado à prisão por causa disso, não temia a morte, mas somente pensava no Cristo que ele tinha anunciado. E, não podendo ir ao Seu encontro, envia dois de seus discípulos para interrogá-lo: 'És Tu aquele que deve vir?'. Os discípulos retornam, relatando ao seu mestre o que o Salvador tinha dito. Então, João, armado para o combate, morre com segurança".

O poder de Deus é amor, e o amor quer a liberdade do amado. Tudo depende da decisão pessoal de cada um. É o admirável apelo à conversão, ao qual Herodes permaneceu insensível. Com sua morte, João Batista proclama que a fé ultrapassa os conceitos meramente humanos e se concretiza, antes de tudo, na comunhão com Deus, retidão da perfeição. Em Deus o pecado é banido e a morte é vencida. A vitória é da vida, da vida nova em Jesus.

Será que estamos prontos para morrer por Jesus, por sua verdade e justiça? Para isso, é importante ter uma consciência esclarecida e uma vontade vigorosa. Então, reconheceremos o pecado e rejeitaremos decididamente o mal. Optemos pelo bem e, assim, procuremos "a paz com todos e ao mesmo tempo a santidade, sem a qual ninguém pode ver o Senhor" (Hb 12,14).

* * *

Senhor, no poder do Vosso amor eu ressurgi da morte causada pelo pecado. Em Vós eu encontro serenidade e tranquilidade de vida imperturbável, pois Vossa ressurreição me comunica a confiança de que na morte irei contemplar Vossa face misericordiosa. Senhor, Vós sois minha luz e salvação! Amém.

Para refletir

Na Bíblia João Batista veio antes de Jesus Cristo, mas sempre soube que não teria a mesma importância que Ele. João Batista sabe que o filho de Deus é Jesus. Sabe que deve anunciar a vinda e apontar o caminho de Jesus. Ele crê em Jesus. Por isso João Batista aceita a morte. João Batista crê e morre pela sua crença.

Todo ser humano tem em si a chama divina. Deus, ao criar o Universo, deu ao ser humano participar – ainda que habitando um planeta pequeno, girando em volta de uma estrela menor – um pouco de Sua essência. Mas Deus fez mais. Ao comunicar a verdade para bons e para maus, deu ao ser humano o poder de decidir. Se temos um destino traçado, se a cada um compete uma determinada tarefa, temos também a capacidade da escolha. É o que se chama "livre-arbítrio".

"Livre-arbítrio" não é mais do que poder escolher, aceitar ou não, fazer ou deixar de fazer, diante de uma determinada situação. Ser coerente é ter essa regra pautando a vida. João Batista escolheu morrer. Entre negar sua fé e permanecer vivo, ele não hesita. Aceita a morte como a alternativa lógica para o desencadeamento da vida. Para ser coerente com sua missão, mas, mais ainda, para ser coerente com sua vida, com suas escolhas, suas ações. Diante das opções que lhe são postas, João abre mão da vida. É o exemplo extremo, a que a maioria dos seres humanos não será submetida, mas que pode acontecer, como aconteceu com ele.

João Batista veio antes do Cristo com a missão de batizar com água e anunciar a vinda do Messias. Ele faz isso. Com seus discípulos, batiza e anuncia a vinda de Jesus. Sua tarefa, seu trabalho, era anunciar a vinda de Jesus. Em nenhum momento João Batista nega sua missão, ou tem dúvida, ou se arrepende dela. Não. Ele é coerente consigo mesmo. No modo de vida, na escolha do local para batizar, na aceitação da prisão. Na aceitação de Jesus.

Negar Jesus, porque o rei assim o determinava, seria deixar a coerência de sua vida de lado, seria aceitar a intromissão de um fator negativo, de um risco ao seu bem-estar, como suficiente para renegar sua coerência. Seria permitir, acima de tudo, que o imediato ferisse o feito para ficar, a razão da luta. Seria não poder dormir em paz com sua consciência.

João Batista não se curvou. Usou o "livre-arbítrio" para se manter fiel a si mesmo. Não negar aquilo em que ele acreditava justificava até mesmo sua morte.

Todo ser humano, ao longo da vida, deve tomar decisões. Algumas delas implicam uma escolha. Portanto, implicam uma perda. Ao escolher, o ser humano abre mão da parte não escolhida. Algumas decisões são importantes, outras não. Mas existem as fundamentais. Que dão sentido à vida e a tudo pelo que vale a pena lutar. Negar a crença de uma vida é negar a possibilidade de ter a consciência em paz. É negar a possibilidade de olhar no espelho a cada manhã e ter a certeza de que os olhos que nos enxergam estão em paz, que as dívidas estão pagas e que a boa luta justifica, em certos casos, a própria morte.

A regra se aplica ao dia a dia, ao cotidiano. Ela é importante para o respeito próprio, para o respeito ao próximo e para obter o respeito do próximo. Sem ela, não há como imaginar a família, o círculo de amigos, a sociedade.

Como um animal que vive em sociedade, um animal gregário, o ser humano necessita de parâmetros e paradigmas. A morte de João Batista em nome da fé em Jesus é parâmetro e paradigma. Ela é a medida indispensável para o grande ato, para o gesto definitivo, sem o qual não são possíveis os pequenos detalhes que dão sentido à vida e fazem o dia a dia uma sequência lógica, na qual cada ação tem começo, meio e fim.

Lc 4,38-44: A cura da sogra de Pedro

38 [...] *A sogra de Simão estava com febre alta; e pediram-lhe por ela.* **39** *Inclinando-se sobre ela, ordenou ele à febre, e a febre deixou-a. Ela levantou-se imediatamente e pôs-se a servi-los.*

5 – Empenho

PARA MEDITAR

ESTANDO DOENTE A SOGRA DO APÓSTOLO SÃO PEDRO, também chamado de Simão Pedro, Jesus entra em sua casa e dela se aproxima. Tomando-a pela mão, Ele a levanta da cama. O toque de Jesus faz a febre desaparecer. São Jerônimo roga por todos nós: "Que o Senhor toque também nossa mão, para que sejam purificadas nossas obras, que Ele entre em nossa casa, para que nos levantemos para servir". De fato, o Evangelho destaca que ao entardecer a sogra de Pedro, já curada, os servia.

Com essa passagem de sua vida, Jesus nos convida a estender a mão àquele que está caído, para levantá-lo e transmitir-lhe novo ânimo no encontro da Palavra do Senhor. Façamos o mesmo com os que estão angustiados ou acorrentados às realidades materiais e lhes comuniquemos a boa-nova do Evangelho, para que todos possam receber, pelo sacramento da confissão e especialmente pela Eucaristia, "o fogo do amor divino na sua alma e no seu corpo", como descreve Santo Ambrósio. Mesmo caído, quem se deixar tocar pelo amor de Jesus vai se erguer e estará pronto a servir o pão da misericórdia aos seus semelhantes.

Com a cura da sogra de Simão Pedro, o milagre de Jesus correu de boca em boca. Os vizinhos e habitantes da cidade "levaram-lhe todos os enfermos e possessos do demônio", como relata São Marcos (1,32). Impondo as mãos sobre cada um, Jesus os curou e os libertou dos espíritos imundos. O amor de Jesus é inesgotável e vem desse amor Sua divina capacidade de atender às súplicas de todos. O que nos faz pensar nas palavras de São Máximo: "Quanto mais eficaz aquele que cura, tanto mais importuno se torna o sofredor".

Ao raiar do dia, como era seu costume, Jesus saiu e foi para um lugar solitário, pondo-se em oração. Em várias passagens do Novo Testamento encontramos Jesus em oração durante horas e, até mesmo, ao longo de noites em claro. Nasce em nós a inquieta interrogação: "Podemos abandonar a oração?". O exemplo de Jesus desperta um forte apelo à conversão, que nos leva à convicção de que só teremos uma relação pessoal com o Deus vivo se formos pessoas de oração.

Não devemos nos assustar com isso. Ao contrário, deixemos que nos alimente a certeza de que o Senhor existe e nos ama. Não estamos sós, perdidos ou abandonados diante do nada ou da incerteza. Graças à oração, reconhecemos que existe o Outro, nosso Deus, ao qual nos achegamos e, unidos a Jesus, com Ele mantemos profunda intimidade.

Santo Agostinho lembra-nos que a oração não tende a atrair Deus para nós, pois: "Ele é mais íntimo a nós que nós a nós mesmos". A oração permite apenas nos aproximarmos Dele e, pelo diálogo, tomarmos consciência da sua proximidade. De tal modo, como expressa São João Cassiano, que "nós respiraremos, pensaremos e falaremos Nele".

* * *

Ó Senhor, cuidai de mim como se isso fosse Vosso único cuidado. Curai-me da febre do pecado para que eu possa servir meus semelhantes e, assim, tudo que havia ficado nublado em meu coração se torne transparente outra vez. "Assim, minha alma vos louvará sem calar jamais" (Sl 29). Amém.

Para refletir

Sempre existe alguém mais doente, mais pobre, mais sofredor. Sempre há uma dor maior do que a nossa, uma dor mais antiga e mais profunda, que machuca mais. Uma solidão mais escura. Um pecado mais cruel. Uma ação mais perversa. O ser humano é falho. Erra. Não sendo divino, não tem o poder de ser totalmente bom. Da mesma forma, não tem a capacidade de ser totalmente mau. Mesmo se pensarmos no pior dos assassinos, o mais brutal dos criminosos, há alguém que o ama, que o considera bom, que o aceita e o perdoa.

O ser humano é uma oração. Sua existência, sua presença na natureza, suas qualidades, sua capacidade de agir e de escolher, de usar o "livre-arbítrio" no dia a dia de sua vida, tudo isso é uma forma de oração. Um agradecimento permanente. Uma ação inconsciente e coletiva, praticada em cada gesto, cada silêncio, em todas as palavras. Como o ato de respirar.

Deus não vem ao ser humano. O divino não necessita buscá-lo porque incorpora os seres e as coisas. De outro lado, o ser humano necessita da divindade. A maior parte das vezes sem perceber que precisa dela, mas também tendo consciência de que precisa dela. Então, é quando ele reza. A oração pode se dar de várias formas, sem que, por isso, deixe de ser uma oração, um pedido, um compromisso. A oração é sempre um ato de humildade. Ao rezar há a aceitação da própria dimensão e a aceitação da superioridade divina. Por isso mesmo, orar é pedir socorro a Deus, se comprometer com Ele, se aliar a Ele na busca do bom, do justo, do melhor para si e, por tabela, para os outros.

O ser humano pressente a força da divindade todas as vezes que vive um momento difícil. A cura de uma doença é a prova da força do divino atuando em nosso favor. A doença poderia matar, causar sofrimento, deixar inválido. Mas, em vez disso, passado um tempo de dor ou sofrimento, a saúde retorna. E, com ela, a capacidade de retomar a vida, de reencontrar as rotinas, de estar próximo de quem amamos.

Rezar é agradecer a saúde. A vida. A possibilidade de melhorar. De buscar fazer sempre melhor, porque essa é nossa razão de ser. O divino está dentro do ser humano e deve ser entendido como algo que ganhamos sem merecer, pela simples razão de nascermos. Nossa função na Terra é nos esforçar para merecer o que ganhamos, fazendo a cada dia melhor do que no dia anterior.

Lc 5,33-39: Discurso sobre o jejum

33 *Eles então lhe disseram: "Os discípulos de João e os discípulos dos fariseus jejuam com frequência e fazem longas orações, mas os teus comem e bebem...".* **34** *Jesus respondeu-lhes: "Porventura podeis vós obrigar a jejuar os amigos do esposo, enquanto o esposo está com eles?* **35** *Virão dias em que o esposo lhes será tirado; então jejuarão".*

6 – SINCERIDADE

PARA MEDITAR

JOÃO BATISTA E SEUS DISCÍPULOS, bem como os seguidores dos fariseus, eram adeptos dos jejuns acompanhados de orações. Acreditavam que assim, renunciando ao alimento, se distanciavam do mundo material e aproximavam-se de Deus. Jesus não era tão rígido em relação a isso. Não via nada de mau que as pessoas celebrassem com banquetes a chegada do Messias e compartilhassem com Ele a alegria de estar em comunhão com o Pai. Para Jesus, mais importante do que os jejuns era a conduta justa e caridosa para com o próximo. Desde o início de seu ministério, deixou claro que a principal missão era acolher os excluídos, os marginalizados e os pecadores para conduzi-los ao Reino de Deus. São Lucas registrou as seguintes palavras de Jesus em seu Evangelho: "Não vim chamar à conversão os justos, mas sim os pecadores". E foi assim, na pessoa do Filho de Deus, que o apelo à misericórdia e à bondade, lançado anos antes pelos antigos profetas, se tornou realidade plena.

Para explicar aos fariseus por que seus discípulos não jejuavam, Jesus refere-se a si mesmo como "o esposo", que era como as Escrituras descreviam o Messias, pois a não obrigatoriedade do jejum era novidade e se opunha às tradições da época. Para Jesus, dividir a mesa com seus seguidores era uma forma de estar mais perto deles. E o inverso também era verdadeiro. Em desafio aos adversários, Jesus lhes pergunta: "Porventura podeis vós obrigar a jejuar os amigos do esposo, enquanto o noivo está com eles?". A respeito disso, Santo Hilário disse: "Este fato demonstra a alegria dos discípulos com a presença de Jesus". De acordo com o Evangelho de São Mateus, as núpcias só se realizarão definitivamente no fim dos tempos, com a volta de Cristo à Terra. É o que se pode concluir de A *parábola das dez virgens* (Mt 25, 1-13), que compara o reino dos céus à celebração de um casamento. Então, por que não festejar a passagem do esposo durante os seus três anos de ministério público? Nesse período não se há de jejuar. É tempo de alegria!

A expressão "amigos do esposo", que aparece na citação de Lucas, alude ao círculo dos discípulos que acompanham Jesus. O essencial na resposta de Cristo é que o esposo está entre eles, anunciando o tempo messiânico, o tempo das núpcias, o tempo da abundância e da alegria. Ao dizer "virão dias em que o esposo lhes será tirado", Jesus evoca sua morte e também sua ascensão. Depois disso, eles poderão jejuar.

Logo em seguida, segundo Lucas, Jesus lembra que um remendo com pano novo não assenta bem numa roupa velha, assim como o vinho novo pode arrebentar um odre velho (Lc 5,36-38). São João Crisóstomo entende que Jesus usou essas palavras para mostrar que os discípulos não estavam suficientemente fortes e precisavam de muita condescendência: "Não tinham ainda sido renovados e fortalecidos pelo Espírito Santo".

São Basílio Magno tem uma interpretação própria para as palavras "então jejuarão". Segundo ele, os discípulos praticarão o jejum "para proclamar que suas vidas estão orientadas para as realidades que ultrapassam os bens simplesmente materiais e carnais".

Visto desse modo, o jejum simboliza a fome de Deus sentida pelo coração ardente dos cristãos, levando-os, como assinala São Basílio, ao desprendimento diante do que é terreno e material. Assim, em nossa vida terrena, seja pelo jejum, seja pela oração, não é Deus que vem a nós, somos nós que nos avizinhamos mais e mais dele. E tornam-se nossas as palavras de São Macário, o peregrino: "Senhor, tudo está em ti, e eu mesmo estou em ti, acolhe-me".

* * *

Senhor, Vós sois meu Deus e meu tudo. Na oração, tomo consciência de que Vós pensais em mim e me amais. Dai-me o espírito de sabedoria para discernir o que corresponde à Vossa vontade e, livre de todo apego desordenado, eu possa preencher a minha alma com Vossa luz e misericórdia. Amém.

Para refletir

O QUE É MAIS IMPORTANTE: FAZER O BEM OU FAZER penitências? A resposta é óbvia, mas, na vida prática, nem sempre é assim que funciona. Quantas pessoas se penitenciam, se punem publicamente de seus erros e pecados, exibindo a penitência quase como um troféu, em vez de realmente se arrepender?

Quanto jejum é jogo de cena, ritual vazio e sem sentido, sem compromisso com a realidade ou com o que a pessoa está de fato sentindo? O jejum, o ato de deliberadamente abrir mão de algo que é importante, só tem sentido quando implica um arrependimento, uma prestação de contas, o acerto com a alma ou com a consciência pesada.

Ninguém tem que se privar daquilo que ganhou honestamente apenas para cumprir um ritual. Nem ter vergonha de não fazer isso, se no momento não estiver com a consciência pesada. O arrependimento tem que ser sincero. Vir do mais fundo, como um suspiro que extravasa a dor da alma. E não tem razão para que ele seja um show, uma demonstração pública.

Mais do que bom, o ser humano deve buscar ser justo. A bondade é importante, mas a verdadeira bondade é um traço do caráter. Nasce ou não conosco, não depende da nossa vontade. Já a justiça implica uma ação humana, um ato de vontade. A justiça exige de nós comprometimento, honestidade, vontade de fazer. A justiça humana recompensa quem merece a recompensa e pune quem merece a punição. Ser justo não é melhor do que ser bom, ser justo é mais amplo do que ser bom. Ser justo implica analisar e reconhecer algo, ou seja, tem uma ação que vai além do sentimento de ser bom.

A justiça só pode ser bem aplicada se começarmos por nós mesmos. É fácil se dizer justo em relação aos outros, mas é bem mais complicado ser justo com nós mesmos. Com que tranquilidade o ser humano julga outro ser humano! Mas como é doído olhar dentro da própria alma e reconhecer que lá no fundo tem algo errado, algo fora de lugar, por ação ou omissão nossa...Algo que foge da nossa medida, dos nossos valores, do que é certo e errado.

Não há motivos para se punir quando não há razão para penitência. Se não existe erro, se não existe razão para arrependimento, também não existe razão para pagar uma conta que não é devida.

Não tem sentido fazer penitência, ou seguir a lei, apenas porque é assim que os outros esperam que a pessoa seja. Alegria, felicidade, saúde, são palavras que vão além de seu significado. São realidades que devem ser aproveitadas, e vividas intensamente porque são a comunhão com o divino, são instantes que acontecem naturalmente, muitas vezes sem nos darmos conta, em que o ser humano vai além do seu cotidiano. Momentos em que ele interage com o divino porque, por alguma razão, se aproximou positivamente do divino e, então, ele aproveitar intensamente a experiência não é feio nem é pecado. É natural, é humano, é divino e é bonito. O contrário é que é feio. O teatro fora de hora, a demonstração sem sinceridade, o show pelo show é que estão errados. Na verdade, são eles o verdadeiro pecado. O que não deve acontecer, o que não engrandece nem justifica, ao contrário, apenas engana, mas só quem quer se enganar.

Lc 6,1-5: Colheita das espigas

1 *Em dia de sábado, Jesus atravessava umas plantações; seus discípulos iam colhendo espigas (de trigo), debulhavam-nas na mão e comiam.* **2** *Alguns dos fariseus lhes diziam: "Por que fazeis o que não é permitido no sábado?".* **3** *Jesus respondeu: "Acaso não tendes lido o que fez Davi, quando teve fome, ele e os seus companheiros;* **4** *como entrou na casa de Deus e tomou os pães da proposição e deles comeu e deu de comer aos seus companheiros, se bem que só aos sacerdotes era permitido comê-los?".* **5** *E ajuntou: "O Filho do Homem é senhor também do sábado".*

7 – LIMITES

PARA MEDITAR

CRISTO MAIS UMA VEZ QUEBRA AS REGRAS rígidas da religião de seu tempo. "Ele proclama o sábado da graça e da ressurreição eterna, e não o da Lei", escreve Santo Ambrósio. De fato, o descanso sabático era um dia reservado à oração e à meditação. Um período para recordar e celebrar a bondade de Deus e a grandeza de sua obra. Entretanto, os discípulos de Jesus sentem fome e desrespeitam o sábado colhendo milho para comer. Os escribas e fariseus ficam escandalizados. Não porque os cristãos apanhavam as espigas, o que era permitido por lei, mas por o fazerem no sábado. Os evangelistas aproveitam esse episódio da vida de Jesus para revelar seus ensinamentos e sua missão.

O serviço do Templo pode dispensar os sacerdotes das obrigações do sábado. Santo Hilário de Poitiers nos lembra: "Jesus é Ele mesmo o Templo". Sendo assim, não há nada de extraordinário no fato de os discípulos, a serviço do Filho do Homem, se sentirem dispensados de tais exigências, já que estão em comunhão com Cristo. É bom deixar claro que Jesus não nega o valor do sábado. Ele reconhece que o homem e o seu trabalho são santificados nesse dia consagrado a Deus. É a garantia da Aliança e da entrada do povo eleito no "repouso eterno".

Um dos rituais do Templo na época de Jesus era o dos doze pães da proposição, colocados no altar e substituídos todos os sábados por outros recém-assados. Apenas os sacerdotes podiam comê-los. Em seu Evangelho, Mateus conta quais foram as palavras de Jesus quando os fariseus o acusaram de permitir que seus discípulos fizessem o que era proibido no sábado: "Não lestes o que fez Davi num dia em que teve fome, ele e seus companheiros, como entrou na casa de Deus e comeu os pães da proposição?" (Mt 12,3-4).

Com essas palavras, Jesus deixa claro que a misericórdia, para Ele, vinha antes de qualquer sacrifício, como era o caso do jejum. Aos famintos, que se lhes dê o que comer, mesmo que sejam os pães sagrados. Mesmo que sejam espigas de milho colhidas no sábado consagrado ao Senhor: "Porque o Filho do Homem é senhor também do sábado!".

Ele queria que esse dia da semana fosse entendido como uma disposição benevolente de Deus para proteger o homem em sua vida e em seu trabalho, e não apenas como uma exigência arbitrária e tirânica. Jesus não incita ninguém a trabalhar no sábado, mas sim a reservá-lo para obras de caridade e ao amor ao próximo. Ele ainda responde assim à hostilidade dos fariseus: "É permitido, pois, fazer o bem no dia de sábado" (Mt 12,12). E, logo em seguida, cura a mão atrofiada de um homem que estava na sinagoga, em pleno sábado. As curas também eram proibidas nesse dia da semana.

Os ouvintes de Cristo, particularmente os fariseus, "são remetidos à prática das obras de misericórdia que Deus espera de todos nós", lembra-nos São Cirilo de Alexandria. Embora Jesus não tenha vindo abolir a lei do sábado, sua observância não pode ser motivo de cegueira. Pois acima dele está a prática da caridade. Para São João Crisóstomo, Ele "quer torná-lo ainda mais majestoso, pois tudo o que foi prescrito na Lei nele se cumpriu".

Com Jesus o sábado, e mais tarde o domingo, torna-se um convite à contemplação dos mistérios do amor de Deus, que se efetiva, por meio da graça divina e da liberdade humana, na união com Deus e nas obras de caridade.

* * *

Senhor, Vós me fizestes livre. Minha alegria é ter livre acesso a Vós, de quem tudo procede, para poder no Vosso amor servir a todos, particularmente os mais necessitados e sofredores. Mas sem Vosso amor meus esforços são inúteis. Socorrei-me! Amém.

Para refletir

S<small>ERÁ QUE A REGRA PODE SE IMPOR SOBRE A NECESSIDADE</small>? O que é mais importante: deixar de fazer porque a tradição diz que é para não fazer ou fazer porque, fazendo, se está praticando um ato justo?

A questão é complexa. Ela admite diferentes leituras. A leitura religiosa, a leitura social, a leitura legal. Qual a mais importante? Todas, cada uma na sua medida. Cada uma na sua hora e do seu jeito.

Jesus autoriza os discípulos a colherem as espigas no sábado porque o sábado não é mais sagrado que o direito deles de matar a fome. Mas é preciso considerar que nos outros dias da semana não era proibido colher as espigas. A questão que se coloca é se, para matar a fome, se pode infringir uma determinação da lei. No caso, Deus determinou que o sábado é o dia do descanso, mas não fez da determinação uma ordem. Não é pecado, aos olhos do Criador, colher espigas no sábado. Não é pecado curar no sábado. Não é errado praticar o bem no sábado. Enfim, ele não proíbe o trabalho no sábado. A determinação é fruto da ação do ser humano, então ela não pode ter a força dos atos divinos. Não deve ser impositiva a ponto de vedar ao ser humano que assim o desejar, em caso de necessidade, não respeitar a tradição religiosa.

Da mesma forma, no campo social, há atos reprováveis que, todavia, não são proibidos. Atos que, sob um ponto de vista diferente, são inclusive aceitos. E regularmente praticados. A diversidade humana é incrível e vai além das diferenças de cor da pele, credo ou convicção política. Cada um é único e tem que ser respeitado dentro de seu modo de ver o mundo. Mas, para que cada um mereça o seu respeito e tenha direito a seu espaço, é indispensável que também respeite seu semelhante. Que aceite as diferenças como opções válidas e tão boas quanto as dele.

A liberdade de cada um termina onde começa a liberdade do próximo. Essa antiga máxima é sempre atual e exprime a condição básica para a vida em conjunto, para o funcionamento do grupo familiar, da comunidade e da sociedade.

Sob esse aspecto, o respeito à lei é diferente do respeito ao próximo. Ele vai mais longe, exige mais, impõe. Não é questão de querer ou não querer, não depende da vontade individual, mas da coletividade, que determina regras a ser seguidas para o bom funcionamento da vida dentro do corpo social ao qual está integrada e para a interação das diferentes sociedades no grande concerto internacional.

Religião se tem. Regra social se aceita, se há a intenção de interagir com um determinado grupo. Lei se cumpre. Se a lei é ruim, que se mude a lei, dentro das regras estabelecidas para sua mudança.

Mt 18,15-17: Correção fraterna

15 *Se teu irmão tiver pecado contra ti, vai e repreende-o entre ti e ele somente; se te ouvir, terás ganho teu irmão.* **16** *Se não te escutar, toma contigo uma ou duas pessoas, a fim de que toda a questão se resolva pela decisão de duas ou três testemunhas.* **17** *Se recusa ouvi-los, dize-o à Igreja. E se recusar ouvir também a Igreja, seja ele para ti como um pagão e um publicano.*

8 – AMIZADE

Para meditar

NESTA PASSAGEM, JESUS FALA AOS SEUS DISCÍPULOS sobre a liberdade espiritual necessária para restaurar a boa convivência e a amizade entre as pessoas. E mostra que não se trata simplesmente de um procedimento social ou de uma reconciliação da boca para fora, mas de uma atitude mística, nascida da comunhão com Deus. Aquele que trouxer o amor (ágape) divino, em seu coração, jamais abrirá espaço para algo que possa prejudicar a vida de seu semelhante. Ao contrário, será abençoado por uma harmoniosa relação entre o espírito e a graça, que o conduzirá à união com Deus, fonte de íntimo e verdadeiro respeito para com todos. A paz e a união devem prevalecer sempre. A vigilância dos homens quanto a isso há de ser constante e não menos incessante o desejo da correção fraterna: reorientar para Deus aquele que errou ou praticou o mal.

O modo como Jesus apresenta a correção fraterna aos discípulos – e podemos nos incluir entre eles – é bastante simples. Exige apenas um pouco de sensibilidade e delicadeza. Para alcançá-la, há três etapas possíveis. Na primeira, tentamos resolver a questão pessoalmente e, se não tivermos sucesso, podemos contar com a ajuda de mediadores, amigos ou parentes, que servirão de agentes e testemunhas da reconciliação. Se ainda assim fracassarmos, podemos recorrer aos representantes da Igreja. Nesse caso, entra a função sacramental do sacerdote. São Cesário de Arles recomenda:

> Não demos unicamente o pão aos que têm fome, mas apressemo-nos em conceder nossa indulgência aos que pecaram contra nós. Quanto ao modo de aplicar aos nossos inimigos este remédio da verdadeira caridade, mesmo quando eles não nos pedem, encontramos no Evangelho: "Se teu irmão pecou contra ti, repreende-o pessoalmente". Se negligencias esse mandamento do Senhor, tu és pior que teu adversário: pois ele te fez mal, e te fazendo mal, ele se feriu gravemente. Negligencias a ferida de teu irmão? Tu vês que ele morre ou que ele vai morrer, e tu não te importas? Tu és pior te calando do que ele te ofendendo. Repreende-o a sós: sê cheio de fervor para corrigi-lo, mas poupa o teu respeito humano! Pois a vergonha poderia levá-lo a defender o seu pecado; e, aquele que queres tornar melhor, tu o tornarias pior.

De fato, temos a obrigação de repreender imediatamente nosso irmão para que ele não permaneça no pecado ao nos fazer o mal. Escreve São Jerônimo: "Não só temos o poder de perdoá-lo, mas somos obrigados a fazê-lo, pois nos foi ordenado perdoar os que nos ofenderam". Aquele que pensa ser mais fácil esquecer a ofensa e deixar o pecador entregue ao seu próprio destino está bastante enganado. "Jesus mostra, ao contrário, a necessidade de buscar muitas vezes curá-lo da sua culpa", lembra-nos São João Crisóstomo.

O que deve nos mover é o desejo de realizar em nosso irmão uma mudança de conduta que transforme sua vida. Caso ele não nos escute, nem mesmo diante de duas ou três testemunhas, melhor seguir a recomendação de Santo Agostinho: "Ainda que ele não seja considerado mais, pela Igreja, um dos teus irmãos, nem por isso deixes de te preocupar com a sua salvação".

A correção fraterna se funda no infinito amor de Deus, compartilhado por todos nós. Não é um amor acidental, que vem de nossa condição de simples criaturas. É algo muito maior. É um dom divino, que nos permite penetrar na vida trinitária para assim nos tornarmos cada vez mais semelhantes ao nosso Criador (*divinae consortes naturae*). São Basílio Magno afirma que essa é a semente ou a força (*he agapetiké dýnamis*) que nos impele a alcançar a perfeição do amor divino. Vitória do bem sobre o mal, pois por meio do amor se dissolvem em nós o rancor, o ressentimento e o ódio. A aquisição do amor divino acontece no exercício do amor ao próximo. Uma de suas expressões: a correção fraterna.

* * *

Ó Senhor, atendei a minha oração. Que meu coração palpite não só por mim, mas por todos aqueles que a caridade me faz reco-

nhecer como irmãos e irmãs. Que todos possam partilhar seus bens e oferecer a cada um o dom da paz e do amor fraterno. Amém.

Para refletir

Não faça ao outro o que você não quer que façam a você. A regra é simples. Objetiva, não abre muito espaço para discussão. Se você não quer que lhe façam algo, respeite o outro, não faça a ele o que você não quer que lhe façam. Respeito é a palavra-chave. Autorrespeito, respeito pelo próximo, respeito do próximo. As três situações são igualmente importantes. Se você não se respeitar, não pode exigir que os outros o respeitem. Se você não respeitar o outro, estará abrindo espaço para que também não o respeitem. Se o outro não o respeitar, não tem como manter o autorrespeito.

Mas respeito não é apenas uma palavra para uso externo. Tem que estar dentro de nós, consolidado como uma crença, como uma certeza. Sem isso, não existe vida organizada, não existe família, não existe comunidade, não existe nação organizada.

O respeito é a base para a amizade, o amor, o querer bem, enfim, para os sentimentos positivos que facilitam a convivência entre as pessoas e apertam os laços que unem um ser a outro nos seus diferentes níveis.

A amizade é uma forma de amor. Talvez a mais intensa e a que mais depende da vontade do indivíduo. O amor além da amizade pode ser dramático. Pode gerar ciúme, insegurança e até mesmo violência. Além disso, o amor não depende da nossa vontade. Não amamos ou deixamos de amar porque queremos. Não, o amor além da amizade acontece independentemente do nosso querer, de estarmos de acordo.

Já a paixão é uma forma ultrapossessiva de querer ter outra pessoa. Ser dono dela. Também independe de nossa vontade. Ao contrário, ela se impõe, avassaladora, total, dona da vontade e da falta de vontade. Podemos tentar domar a paixão, ou os nossos sentimentos nascidos dela, mas não quer dizer que podemos controlar seus resultados. De um modo ou de outro, não podemos controlá-la e é sob sua força que acontecem as grandes desgraças. A paixão pode se aproximar perigosamente da loucura.

Já a amizade é a verdadeira forma de amor. O amor divino, desinteressado, nascido e cultivado no dia a dia das relações humanas. No convívio entre os amigos que se respeitam, se amam, se protegem, se entendem e, por tudo isso, constroem uma relação saudável, baseada na confiança, na certeza do gesto próximo, da ausência de julgamento, mesmo no caso de uma crítica, de um conselho ou até de omissão.

Para a amizade crescer é necessário confiança. Confiança plena. Certeza no amigo. Certeza do amigo. Certeza dos sentimentos que unem duas pessoas numa comunhão mais estreita do que os laços de sangue. Família se tem, amigo se escolhe.

Por isso, o verdadeiro amigo não deve silenciar quando é o momento de dizer algo para seu amigo. Não, se o amigo nos fere, ele precisa saber que feriu. Se ele incomoda, necessita saber disso. Se ele se comporta mal, deve ser censurado, da mesma forma que nós nos censuramos quando nos apanhamos em erro.

Uma das funções do verdadeiro amigo é conversar, apontar o certo e o errado, traçar limites ou mostrar que eles foram ultrapassados. Um amigo não é quem profere apenas palavras amáveis e fáceis. Quem finge que desculpa ou fecha os olhos para situações inconvenientes. O amigo fala. Não precisa fazer escândalo, chamar a atenção do outro, mostrar o erro ou a ofensa em público. O verdadeiro amigo fala a sós, mostra o erro apenas para o amigo que errou ou ofendeu. E o faz assim porque é assim que fazemos com nós mesmos. Quando erramos, não saímos contando aos quatro ventos, nem espalhamos a notícia. Pelo contrário, é na companhia de nós mesmos, sem mais ninguém perto, que refletimos, nos arrependemos e decidimos não mais cometer o mesmo erro. Com o amigo deve ser da mesma forma. O amigo é a extensão de nós mesmos. Devemos fazer com ele como fazemos com nós mesmos. Nem mais nem menos. A medida da amizade é a nossa própria medida. Por isso ela é desinteressada, não tem ciúme nem nega o amigo. Ela vale para o bom e para o ruim, para o certo e para o errado, durante o tempo bom e na tempestade. A única coisa que a amizade exige é honestidade.

Lc 6,12-16: Escolha dos Apóstolos

12 *Naqueles dias, Jesus retirou-se a uma montanha para rezar, e passou aí toda a noite orando a Deus.* **13** *Ao amanhecer, chamou os seus discípulos e escolheu doze dentre eles que chamou de apóstolos:* **14** *Simão, a quem deu o sobrenome de Pedro; André, seu irmão; Tiago, João, Filipe, Bartolomeu,* **15** *Mateus, Tomé, Tiago, filho de Alfeu; Simão, chamado Zelador;* **16** *Judas, irmão de Tiago; e Judas Iscariotes, aquele que foi o traidor.*

9 – Escolha

PARA MEDITAR

LOGO NO INÍCIO DE SUA MISSÃO NA TERRA, Jesus escolhe doze Apóstolos entre os seus discípulos. Eles serão a base da Igreja por Ele instituída. São Lucas descreve nesses versículos a escolha desses homens antes de o Senhor proferir o Sermão da Montanha, carta magna da vida cristã. Naquela importante ocasião, Jesus, como nos momentos mais significativos da sua vida, retira-se para orar. Escreve Santo Ambrósio: "Ele não pede ao Pai por Ele, mas Ele julga oportuno suplicar ao Pai por nós como nosso advogado".

Dentre os discípulos, Ele escolhe doze, aos quais dá o nome de Apóstolos, depositando neles toda a Sua confiança. "Apóstolo", palavra grega cujo significado é "enviado". Tem o sentido de missionário e também de delegado ou representante. "Quem vos escuta, a mim escuta", diz o Mestre. E é como representante do

Pai, enviado de Deus e primeiro "Apóstolo", que Jesus se apresenta aos homens. Os doze foram designados à Sua imagem: "Ó Pai, como me enviaste ao mundo, eu também os enviei ao mundo". Sobre a missão dada a eles por Cristo, escreve Santo Ambrósio:

> Eles são semeadores da fé para tornar presente no mundo o auxílio da salvação dos homens. Presta também atenção no desígnio divino: Ele não escolheu para o apostolado pessoas sábias, ricas, nobres, mas pescadores e publicanos, pois não devia parecer que eles atrairiam as multidões, por causa de sua sabedoria, nem que as comprassem com suas riquezas. Muito menos as atraíssem à graça divina por força de seu prestígio e de sua nobreza. Prevalecia o argumento intrínseco da verdade, não a atração do discurso.

Jesus os chama para que eles estejam com Ele e para enviá-los em missão. Estarão com Ele, para conhecê-lo como o Filho amado do Pai celestial e serem testemunhas de sua vida e de seus ensinamentos. Ao mesmo tempo, como São João Damasceno ensina, Jesus os escolhe para que, "através deles, nós que somos homens miseráveis e terrenos possamos chegar aos bens celestes". Pois eles hão de levar a sua mensagem, em primeiro lugar às ovelhas perdidas de Israel, e depois "até os confins da Terra".

Eles passam, a Igreja continua. E, do mesmo modo, a missão deles se estende no tempo, mediante seus sucessores. Mais tarde, os Atos dos Apóstolos falam de Paulo e Barnabé, vindos posteriormente, que recebem o mesmo título de Apóstolos. Forma-se o colégio apostólico, depois perpetuado no colégio episcopal, do qual os bispos estarão investidos como sucessores dos Apóstolos. Não se pode esquecer o caráter de representante, testemunha da Tradição, exercido pelo bispo como "sinal de unidade na caridade", na definição de Santo Inácio de Antioquia.

* * *

Senhor Jesus Cristo, Vós sois o Filho de Deus e o Salvador do mundo. Inflamai meu coração com um ardente amor por Vós e com uma fé inabalável em Vosso poder salvador. Recebei minha vida e tudo o que eu tenho, como uma oferta de amor a Vós, pois Vós sois meu Deus e meu tudo. Amém.

PARA REFLETIR

OS APÓSTOLOS FORAM ESCOLHIDOS POR CRISTO entre pessoas de todas as condições sociais. Ninguém é melhor ou pior porque nasce melhor ou pior. Cada um nasce com seu destino, mas pode interferir nele graças ao "livre-arbítrio", a possibilidade que Deus deu a cada um de nós de interferir no próprio destino. A escolha dos Apóstolos é semelhante à escolha dos amigos. Dos companheiros de jornada, dos que nós queremos bem, daqueles a quem amamos.

O ser humano escolhe entre seres humanos quem ele quer como companheiros de jornada. Na infância, na escola, no trabalho, no amor, na vida. Jesus escolheu entre seus discípulos doze pessoas a quem chamou de Apóstolos. Doze pessoas a quem escolheu para uma determinada jornada especial, com responsabilidades diferentes das dos demais discípulos. Os Apóstolos são os eleitos por ele para compartilhar sua missão na Terra. Mas se Jesus os escolheu, os Apóstolos também aceitaram a escolha, concordaram com a missão. Dispuseram-se a correr os riscos da escolha feita. Vale dizer, os relacionamentos humanos são no mínimo bilaterais, envolvem pelo menos duas pessoas, seja para dar, seja para receber. Para trabalhar junto, para constituir família. Para estudar ou para jogar futebol. Para todas as situações da vida.

O ser humano é sociável, precisa viver em comunidade, fazer parte de um grupo. Para isso ele se submete às regras aplicáveis, aceita os comandos maiores que norteiam as rotinas, dão sentido ao dia a dia, cimentam as relações de todas as naturezas.

Cabe a ele, no gozo do "livre-arbítrio", decidir se permanece ou se abandona o grupo em que nasceu. Se os filhos dos escolhidos pelos seus pais serão os escolhidos por eles. Se os colegas de escola serão os escolhidos por ele.

Cristo dá poder aos Apóstolos. Na amizade o ser humano dá poder ao amigo. Na confiança gerada pela escolha mútua os dois dão poder um ao outro. Poder de representar, de defender, de não permitir que lhe façam mal.

A escolha deve seguir o coração e não imposições de terceiros, nem riqueza, nem força, nem submissão. Cada um deve escolher para amigo a pessoa que desejar, sem se importar com posição social ou diferenças de cor da pele ou de educação.

Não é porque um é rico e outro é pobre que não podem ser amigos. Não é porque um é branco e outro é negro que não podem formar um casal. Não é por isso ou por aquilo que não podem estar juntos.

O exemplo do Cristo deve servir de guia: ele não escolheu os poderosos, escolheu os que decidiu escolher. Acima de tudo porque, feito homem, tinha o "livre-arbítrio".

Lc 6,39-42: Tirar a trave do teu olho

39 *Propôs-lhes também esta comparação: Pode acaso um cego guiar outro cego? Não cairão ambos na cova?* **40** *O discípulo não é superior ao mestre; mas todo discípulo perfeito será como o seu mestre.* **41** *Por que vês tu o argueiro no olho de teu irmão e não reparas na trave que está no teu olho?* **42** *Ou como podes dizer a teu irmão: Deixa-me, irmão, tirar de teu olho o argueiro, quando tu não vês a trave no teu olho? Hipócrita, tira primeiro a trave do teu olho e depois enxergarás para tirar o argueiro do olho de teu irmão.*

10 — COMPREENSÃO

PARA MEDITAR

NO PERDÃO, DEUS MANIFESTA SEU AMOR POR NÓS. Jesus nos aconselha a ser benévolos em nossos julgamentos. Ao dizer: "Não julgueis para não serdes julgados", Ele dá ao nosso julgamento um alcance sobrenatural e o situa no nível espiritual. Por isso, a advertência "não julgueis", à qual Ele acrescenta a consequência "e não sereis julgados", não trata da anulação do espírito crítico, mas da recomendação de que não cabe a ninguém o direito de emitir um julgamento de repercussão eterna. A salvação jamais é determinada por uma criatura humana, quem quer que ela seja. Só Deus é o último juiz.

As palavras de Jesus são um verdadeiro estímulo para que os discípulos cresçam no amor fraterno. Recordo-me de um dito rabínico que diz: "Quem julga seu vizinho favoravelmente será favoravelmente julgado por Deus". De fato, se é fácil levantar uma suspeita contra alguém, dificuldade maior será julgá-lo de modo imparcial. É o que nos dizem as palavras de São Beda:

> É difícil julgar os pensamentos e as intenções de alguém, porque estes são determinados pela disposição do coração. Uma ação aparentemente modesta pode produzir uma grande recompensa, enquanto uma ação mais significativa poderá ter uma recompensa inferior. Como se vê no caso dos hipócritas que clamam: "Senhor, Senhor". Eles obterão como resposta: *Eu não vos conheço*.

O que prevalece neste capítulo é a visão de um Deus misericordioso e a importância do perdão. Devemos tomar como propósito de vida o hábito de pensar sempre o melhor a respeito do outro. Essencial é crescer no amor a Deus e ao próximo, mas sem excluir a correção fraterna quando for necessária, conforme nos aconselha São Mateus em seu evangelho (Mt 18,15): "Se teu irmão tiver pecado contra ti, vai e repreende-o entre ti e ele somente; se te ouvir, terás ganho teu irmão".

A correção fraterna deve ser compreendida como uma repreensão feita em nome do amor, exatamente como Deus age em relação a nós. Escreve Santo Agostinho:

> Alguém pecou por cólera, e tu o repreendes com ódio. Há grande diferença entre cólera e ódio, assim como entre um cisco e uma trave. Pois o ódio é a cólera entranhada: com o tempo, ele adquire tanta força que de cisco poderá se transformar em trave. Se tu só te irritas, tu podes ter a boa vontade de corrigir o culpado; mas

se tu o odeias, tu não podes querer sua emenda. Lança para longe de ti teu ódio: e então este homem que tu amas tu poderás corrigir.

Urge tirar a trave do olho, pois corremos o risco de ver as coisas de modo muito fragmentário, de nos fixarmos nas ações e nas pessoas em particular e não suficientemente sobre o que determina nossa existência e os laços espirituais que nos unem. Por vezes, há muito escrúpulo e falta de consciência do pecado individual. É a trave no nosso olho. Atemo-nos à ideia de que a salvação é fruto do esforço da vontade. Mas a trave não desaparecerá de nossa vista até que reconheçamos a salvação como dom gratuito de Deus. Então, no ardor do amor generoso e afetuoso do Senhor, derramado em nosso coração, seremos solidários a todos. E será banida de nossa alma a ilusão do orgulho e da presunção. Voltaremos a ver e a luz reaparecerá, semelhante ao Sol, que perpassa a densidade das nuvens e se mostra pouco a pouco, despertando em nós alegria indizível. Entraremos na união com Deus e nos tornaremos instrumentos de salvação para nossos semelhantes.

Purificados e iluminados, tiraremos a trave do nosso olho e, só então, seremos capazes de reconhecer o cisco no olho do irmão, para "tornar justo aquele que é culpável só de ofensas menores" (São Cirilo de Alexandria).

* * *

Ó Senhor, meu Deus, eu estou seguro e protegido, porque confio em Vós e em Vós me refugio. Que eu tenha sempre presente as Vossas misericórdias comigo e seja instrumento de perdão e de paz para meus irmãos e irmãs! Amém.

PARA REFLETIR

COMO O SER HUMANO PODE PRETENDER JULGAR seu semelhante, se ele não dá conta sequer de julgar os próprios atos? O julgamento pessoal é diferente do julgamento legal. O julgamento pessoal pressupõe alguém diante de um ato praticado por outro alguém. O julgamento legal, o processo judicial, é a aplicação de normas objetivas, destinadas a balizar o funcionamento da sociedade, a casos concretos que exijam a intervenção de um especialista (o juiz) para determinar quem está certo e quem está errado. O processo judicial envolve no mínimo duas partes e tem consequências práticas impositivas, limitadas pelo determinado pela sentença.

O julgamento pessoal é diferente. Ele envolve valores de uma pessoa aplicados ao comportamento de outra. Não há uma base objetiva, leis ou regras que determinem o comportamento do ser humano. Existe apenas o que um acha do outro; invariavelmente, nós achamos alguma coisa, o que é completamente diferente de sabermos o que de fato aconteceu ou está acontecendo.

Se o ser humano mal sabe as razões que o levam a agir de uma forma ou de outra, e no dia seguinte a fazer exatamente o contrário, como ele pode julgar outro ser humano? O que ele sabe das circunstâncias que levaram o outro a agir ou reagir de determinada maneira? Como ele pode transferir para si a competência para definir o certo e o errado? Que poder ele tem para fazer isso? Será que alguém é melhor do que os outros? Será que existe alguém que tem o poder de ser o fiscal de Deus e o dom de interpretar a vontade divina, aplicando o castigo ou a recompensa em outra pessoa?

Quem nunca errou? Quem nunca pecou? Quem nunca se enganou? Quem nunca se arrependeu? Ser humano é isso. Ser humano é ser imperfeito. Correr o risco de acertar ou errar. E mesmo isso não depende tanto assim da nossa vontade. Quantas ações começaram prevendo um resultado e acabaram alcançando outro, completamente diferente e, qualquer que seja a nossa vontade, muito melhor? E quantas vezes a boa vontade nos faz iniciar algo que acaba sendo um tremendo engano, uma furada?

Quem somos nós para dizer o que é certo e o que é errado? No máximo, podemos tomar regras genéricas e usá-las para balizar nosso caminho. Porque quem disse que as regras que são boas para nós são também boas para todos?

Não julgue para não ser julgado. Antes de julgar, de emitir uma opinião, veja todos os aspectos, analise os fatos, lembre que o ser humano é movido por sentimentos, além da inteligência. Lembre que alguns são mais preparados do que outros. Que nem todos suportam as tensões com a mesma resistência. Que nem todos acreditam nas mesmas verdades.

Procure entender. É sempre melhor do que julgar.

Lc 6,43-45: Árvore julgada pelos frutos

43 Uma árvore boa não dá frutos maus, uma árvore má não dá bom fruto. **44** Porquanto cada árvore se conhece pelo seu fruto. Não se colhem figos dos espinheiros, nem se apanham uvas dos abrolhos. **45** O homem bom tira coisas boas do bom tesouro do seu coração, e o homem mau tira coisas más do seu mau tesouro, porque a boca fala daquilo de que o coração está cheio.

11 – Retribuição

Para meditar

Um dos dons do Espírito Santo, implorado pelos cristãos, é o do discernimento, pois há dificuldade em estabelecer a fronteira entre a saúde e a desordem espiritual, entre o falso e o verdadeiro profeta. São Cirilo de Alexandria observa "que quem vem a nós não deve ser distinguido e exaltado pelas vestes que traz, mas pelo que realmente é".
   Se os escribas e fariseus afirmavam que uma ação é boa se estiver de acordo com a Lei, Jesus considera-a boa se ela brotar de um bom interior. Importa, portanto, discernir o que anima a pessoa em sua vida espiritual, se o motivo interior, do qual seus atos procedem, é ou não bom. O próprio Jesus no Evangelho fala que "não há árvore boa que dê maus frutos, nem árvore má que dê frutos bons". Em outra passagem, observa que "toda árvore que não produz bons frutos será cortada e jogada ao fogo".

São Beda diz serem "as árvores os homens e os frutos suas obras". E, logo em seguida, pergunta: "Quereis saber quais são as árvores más e quais os frutos maus?". A resposta é dada pelo Apóstolo São Paulo, que enumera as obras da carne. Mas "quereis conhecer as árvores que dão bons frutos, pertencentes ao reino celeste do Rei eterno? O fruto do Espírito é o amor, a alegria, paz, longanimidade, benignidade, fidelidade, mansidão, autodomínio". Enfim, "o tesouro do coração é a intenção do coração, pela qual o juiz interior avalia o resultado da boa obra".

Nesse sentido, Jesus assegura que a "boca fala daquilo de que o coração está cheio". Em outra passagem, como recorda São Cirilo de Alexandria, Jesus dirá que "o homem bom tira do seu coração o bem como de um bom tesouro". E conclui: "A pessoa virtuosa fala o que corresponde ao seu caráter, enquanto o indigno e maldoso vomita a sua secreta impureza".

O bom fruto indica que o cristão vive de acordo com a verdade moral e se distingue pela nobreza de caráter. O mau fruto ou os frutos da falsidade produzem uma religião fácil, que elimina a verdadeira penitência ou a cruz da fé cristã.

Portanto, o verdadeiro discípulo produzirá frutos marcados pela fé, esperança e amor, justiça e prudência, temperança e desprendimento dos bens materiais. Ele estará percorrendo o caminho estreito, ao qual se refere Clemente de Alexandria: "Como podeis subir aos céus? O caminho é o Senhor. É um caminho estreito, que vem do céu e leva ao céu. O caminho estreito, desprezado sobre a terra, é o caminho reto, adorado nos céus".

* * *

Ajudai-me, Senhor, a rejeitar o que produz maus frutos e a crescer na fé, esperança, amor, justiça, coragem e autodomínio. Que eu viva junto de Vós e possa partir o pão com os que têm fome, amando-Vos de todo o coração e ao próximo como a mim mesmo. Amém.

PARA REFLETIR

AO LONGO DA VIDA O SER HUMANO CAMINHA por várias estradas. Não necessariamente boas, tampouco más. Nesse trajeto, surgem cruzamentos, encruzilhadas e desvios que por força do "livre-arbítrio" podemos tomar ou não. Boa parte nos leva a destinos inesperados, porque eram desconhecidos. Mas há também as trilhas do bem e as trilhas do mal. Caminhos que, apesar de ainda não os termos trilhado, se abrem em cenários conhecidos. Compete ao ser humano ficar ou sair, escolher, determinar o que quer e como quer, evidentemente que dentro de sua imperfeição.

Uma árvore dá bons frutos; outra, exteriormente mais bela, dá frutos amargos. Mas essa noção é relativa. O que é amargo para um pode ser doce para outro. O sabor dos frutos varia de acordo com o gosto, a tradição, a finalidade e a expectativa. Eu gosto de limões, tu gostas de bananas. Quem está certo, quem está errado? Ou melhor, será que, no caso, há certo e errado? Por que o limão seria melhor do que a banana? Porque eu gostar dos limões seria uma resposta suficiente? Não, ninguém é melhor do que o outro. Somos todos barro do mesmo pântano.

As diferenças entre nós são mínimas e não nos permitem dizer o que é melhor e o que é pior, como não nos permitem afirmar o que é certo e o que é errado.

Mas essas limitações não podem nos impedir de seguir nosso rumo, de fazer nossas escolhas e, entre as possibilidades à nossa disposição, escolher as mais certas.

Mas o que são as escolhas certas? E as escolhas erradas? O ser humano é um animal gregário. Quer dizer, o ser humano vive em sociedade, dentro de uma família, que faz parte de uma comunidade. As boas escolhas são aquelas que ajudam a comunidade a auxiliar a sociedade. Ou seja, são aquelas que fazem o bem para o maior número de pessoas.

Ninguém precisa viver pensando em como ser útil para a sociedade. Sendo útil para a família e a comunidade, respeitando os mandamentos e procedendo adequadamente já estará de bom tamanho. Estará fazendo o bem. E o bem é que nos faz melhorar.

O mal existe e é uma opção. Mas é uma opção que no final destrói, machuca, fere, não só quem o recebeu, mas também seus autores. O remorso faz parte da vida. E, se o arrependimento engrandece e dá forças para tentar reparar seus erros, o remorso tortura. O remorso corrói. Porque, de verdade, o remorso é um castigo do inferno que se abate sobre o ser humano que fez as escolhas erradas, que feriu o próximo, ainda em vida. No remorso não há luz, não existe beleza, não sobra espaço para a esperança. O remorso é dor e escuridão, até que se transforme em arrependimento.

Lc 7,11-15: Ressurreição do filho da viúva de Naim

11 No dia seguinte, dirigiu-se Jesus a uma cidade chamada Naim. Iam com ele diversos discípulos e muito povo. **12** Ao chegar perto da porta da cidade, eis que levavam um defunto a ser sepultado, filho único de uma viúva; acompanhava-a muita gente da cidade. **13** Vendo-a o Senhor, movido de compaixão para com ela, disse-lhe: "Não chores!". **14** E, aproximando-se, tocou no esquife, e os que o levavam pararam. Disse Jesus: "Moço, eu te ordeno, levanta-te". **15** Sentou-se o que estivera morto e começou a falar, e Jesus entregou-o à sua mãe.

12 – VIDA

PARA MEDITAR

QUAL É NOSSA REAÇÃO DIANTE DO SOFRIMENTO de nossos semelhantes? Nem sempre acolhemos nosso irmão como ele merece. Em todos os momentos da vida, se temos Jesus como modelo, seremos capazes de doar amor àqueles que sofrem e precisam de consolo. Esse trecho do Evangelho de São Lucas mostra o Filho de Deus tocado no mais profundo do Seu coração pela dor de uma viúva que perdeu seu único filho.

Podemos imaginar a cena. São, de fato, dois cortejos que se encontram. Um é o do funeral do filho da viúva, o outro é formado pelos discípulos de Jesus, que o acompanham ávidos por Suas palavras e por testemunhar Seus milagres. O encontro tem um forte simbolismo: de um lado, a morte, do outro, a vida nova.

O evangelista nos conta que Jesus é então movido pela compaixão. Quando vê a mulher devastada pela dor, Ele imediatamente a consola: "Não chores!". O pronto sentimento de piedade expressa a verdadeira humanidade de Jesus. Ele não só é um homem, mas um homem de coração. Comovido, Ele tem piedade daquela mulher. Como Filho de Deus, mostra quão imensa é a Sua ternura diante da miséria humana. Para Jesus, ressuscitar o rapaz e restaurar a felicidade no coração da viúva é manifestação da misericórdia divina. E Ele a demonstra diante da multidão, assim como mais tarde na cura do cego de Jericó. É a compaixão do Bom Samaritano e também a compaixão do pai diante do filho pródigo. A misericórdia divina toma a dianteira antes mesmo que a fé peça o milagre. Escreve São Cirilo de Alexandria: "Observa como Ele une milagre a milagre. No primeiro caso, na cura do servo do centurião, Ele atende a um convite, mas aqui Ele se avizinha sem ser convidado. Ninguém lhe pediu que traga à vida o morto, mas Ele o faz por iniciativa própria".

Nas palavras de São Gregório de Nissa, o Senhor não se limita a assegurar, com as Suas palavras, que os mortos ressurgirão, mas realiza Ele mesmo a ressurreição: "Jesus atesta Seu poder doador de vida quando cura os enfermos atingidos por doenças mortais e ao despertar uma jovem recém-falecida. Agora, ao restituir à mãe um jovem que era levado ao sepulcro e, enfim, ao ressuscitar ao terceiro dia o Seu próprio corpo transpassado pelos cravos e pela lança".

A ressurreição do filho da viúva revela a realidade divina de Jesus, nosso Salvador. Ele o ressuscita com uma única sentença: "Moço, eu te ordeno, levanta-te!". O verbo levantar nos remete à própria Ressurreição de Jesus (1Cor 15,4; At 3,15), ao fim dos tempos (Lc 20,37), e também à ressurreição espiritual realizada pelo "despertar" do batismo (Ef 5,14).

A volta à vida do filho da viúva de Naim anuncia o novo céu e a nova terra, que vêm a nós renovados nos sacramentos da Igreja. Do lado transpassado de Cristo, brotaram água e sangue, a água do batismo e o sangue da Eucaristia. A Igreja é sacramento do Ressuscitado que nos torna participantes da ressurreição, e, se o pecado nos arrasta à morte espiritual, ela nos vivifica no dinamismo do amor divino. Nesse sentido, escreve Santo Ambrósio: "Mesmo se há pecado grave, do qual não podeis vos lavar por vós mesmos pelas lágrimas do arrependimento, por vós a Igreja como mãe chora e intercede por todo filho como a mãe viúva por seu filho único, sobretudo ao ver seus filhos atraídos para a morte por causa dos vícios funestos".

* * *

Senhor, Vossa presença nos traz vida e restaura, na totalidade de nossa consciência, nosso corpo e espírito. Dai-nos uma esperança renovada, vigor e coragem em seguir-Vos em tudo, e a disposição para servir nossos semelhantes com um coração alegre e generoso. Amém.

Para refletir

A morte é real, faz parte do dia a dia dos vivos, de todos os vivos, seres humanos ou não. Onde há vida, há morte. Todos nós começamos a morrer no instante em que nascemos. Antigamente, a morte era uma evolução natural. À medida que o ser humano envelhece, aproxima-se dela. Ou em outras circunstâncias, como durante as guerras, as doenças, a fome, a miséria, enfim, durante a violência do homem contra o homem, a morte se aproxima, ameaça constantemente a vida, que, nos últimos anos, passou a valer muito pouco. Para não falar no inferno que são as drogas, que levam a todos os crimes e acabam cobrando seu preço, ao tirar a vida de pessoas, na maioria das vezes sem outra culpa, exceto perderem para o vício.

Num universo cada vez mais carregado de vibrações negativas, com os valores invertidos em nome de verdades questionáveis, a vida que já é, pela própria essência, precária fica ainda mais ameaçada.

Os funerais se sucedem, a morte leva crianças cruelmente assassinadas, mulheres são mortas em nome de ciúmes descabidos, homens são mortos em acertos de contas nas quebradas da noite, inocentes alvejados por balas perdidas, e jovens – milhares e milhares de jovens – todos os anos perdem a vida assassinados, em acidentes de trânsito, em aventuras com final infeliz.

A morte interrompe a alegria, mancha o sorriso, sacode a vida dos que ficam. Imagine o sorriso triste de uma mãe ao ver outras crianças brincando, depois do funeral do filho, morto em nome da estupidez que cerca a vida.

É preciso uma esperança para tocar em frente, para seguir vivendo, para aceitar o destino cruel que arranca a esperança de um futuro e inverte o ciclo natural da vida. Afinal, os filhos devem enterrar os pais. Essa é a ordem natural da vida. Os pais concebem e criam os filhos para que eles os sucedam na linha do tempo, gerando e criando outros filhos que perpetuem a espécie. Quando essa regra é interrompida e os pais perdem os filhos, a vida deixa de ter muito de seu sentido. Deixa de apontar uma luz rumo ao futuro, de ser uma promessa de sucesso, uma justificativa para as lutas do cotidiano, na busca do pão nosso de cada dia.

A medicina atual prolonga a vida, aumenta sua qualidade, permite que o velho de ontem seja o homem maduro de hoje e que o homem maduro se sinta jovem. Os ciclos deveriam ficar mais longos, a felicidade da companhia dos seres amados ser mais constante e, no entanto, nem sempre é isso que ocorre, pois a morte pode interromper tudo.

O sofrimento mostra sua cara e cobra seu preço. Muitas vezes de quem não fez nada para encontrá-lo, nem procurou o mal, nem o praticou, apenas estava no lugar errado, na hora errada, e pagou o preço. Ou então: simplesmente teve uma pessoa errada no lugar errado, na hora errada, e sofreu as consequências.

Neste mundo que é uma ameaça constante é fundamental preservar uma esperança. Crer, confiar, acreditar porque sem isso as pessoas de bem perdem a razão de ser, a motivação para fazer e, como está escrito num grande livro: "Vocês, que aqui entram, deixem a esperança de fora". Não. Não é possível deixar a esperança. Principalmente na dor e no sofrimento é indispensável acreditar que existe algo capaz de minimizar a tortura, justificar o momento e prometer um amanhã melhor.

Lc 8,1-3: Mulheres seguem o Mestre

1 *Depois disso, Jesus andava pelas cidades e aldeias anunciando a boa-nova do Reino de Deus.* **2** *Os Doze estavam com ele, como também algumas mulheres que tinham sido livradas de espíritos malignos e curadas de enfermidades: Maria, chamada Madalena, da qual tinham saído sete demônios;* **3** *Joana, mulher de Cuza, procurador de Herodes; Susana e muitas outras, que o assistiram com as suas posses.*

13 – Mulher

PARA MEDITAR

ACOMPANHADO POR SEUS DOZE APÓSTOLOS, Jesus percorreu toda a Galileia anunciando o Evangelho do Reino de Deus. Eles adotaram um estilo de vida itinerante, indo de aldeia em aldeia, de cidade em cidade. Muitos cristãos, mais tarde, se inspiraram nesse modo de viver e se tornaram pregadores nômades. O Evangelho também se refere "à presença de algumas mulheres, que colocavam à disposição de Jesus e dos doze os seus bens, enquanto estes se dedicavam à pregação do Evangelho" (Santo Agostinho). Essa é uma informação importante. As mulheres eram discriminadas naquela época, mas Jesus enfrenta o preconceito, porque para Ele todos são iguais, homens e mulheres, e todos são dignos do amor de Deus.

Cristo demonstrou isso por meio de atos e palavras em vários momentos de sua vida missionária. Além daquelas que passaram a acompanhar Jesus e os Apóstolos em suas pregações, outras mulheres aparecem em determinados episódios no Evangelho: as que o Senhor encontrou em sua missão e foram curadas, as convertidas e as que lhe ofereceram hospedagem.

Dentre as mulheres citadas por Lucas está Maria Madalena, nascida em Magdala, cidade ao norte do Tiberíades, vizinha de Cafarnaum, onde Jesus exerceu grande parte de sua missão. Ao falar dela, o evangelista a caracteriza como sendo aquela "da qual haviam saído sete demônios". Número que, como os sete dias da semana, simboliza totalidade e indica a ação onipotente de Deus, libertando-a da ação do Maligno. Outra mulher mencionada é Joana, "mulher de Cuza, o procurador de Herodes", proveniente, portanto, de um ambiente bem diferente daquele dos demais discípulos. Ela será uma das mulheres que, mais tarde, estarão junto ao túmulo de Jesus (Lc 24,10).

Desde os anos iniciais da Igreja, as mulheres se dedicam aos estudos bíblicos, como observa São Jerônimo: "Entre os primeiros séculos cristãos, os estudos da Sagrada Escritura constituem parte integrante dos ambientes monásticos e não são estranhos à vida dos leigos, sobretudo das mulheres". Basta lembrarmo-nos das pregações de São Paulo, nas quais as mulheres estavam sempre presentes por onde o Apóstolo passasse. Também não podemos nos esquecer daquelas que foram martirizadas durante as perseguições aos cristãos. Entre elas, impressiona a atitude corajosa e sublime das jovens Blandina, em Lyon, e de Felicidade e Perpétua, em Cartago, norte da África, que morreram por não abandonar sua fé.

Inumeráveis e inestimáveis são as iniciativas das santas mulheres, naquele tempo e em todos os tempos. Elas desvelam-se em ajudar os profetas, servem aos Apóstolos e ainda hoje estão presentes em toda ação evangelizadora da Igreja.

* * *

Senhor, sede a luz de minha alma, o pão de meu espírito, para que eu viva em Vossa casa todos os dias de minha vida. Pelas mãos de nossa santa Mãe Maria, derramai Vossas graças e bênçãos no coração das mulheres que Vos procuram. Amém.

Para refletir

Ao lado de todo grande homem tem uma grande mulher. A natureza não fez o ser humano bissexuado. A natureza criou o homem e a mulher, ou a mulher e o homem, e os armou com habilidades que lhes permitiram, em conjunto, impor-se ao planeta.

Durante muitos séculos o homem foi mais do que a mulher, ou o homem se considerava mais do que a mulher, o que não é necessariamente a mesma coisa. Pela força bruta, o macho se impôs à fêmea, criou regras colocando-a num patamar mais baixo, como se na origem da espécie houvesse uma diferença divina que desse ao gênero masculino a condução dos destinos da humanidade.

Não é bem assim e, em realidade, nunca foi. O homem sempre foi mais forte, daí ser o responsável pela segurança do grupo. A ele sempre coube lutar para conseguir e manter o espaço vital e garantir a segurança do grupo. Nessa função, ele tirou da mulher a condição de guardiã do conjunto social, dando-lhe em contrapartida a condição de guardiã do lar, de responsável pela casa e pelo seu funcionamento.

Cabia à mulher zelar para que o homem não fosse incomodado, para que ele pudesse se dedicar às suas tarefas, como a segurança do grupo, porque sem sua participação o futuro da espécie poderia ser comprometido por um ataque de outro grupo, ou de outros animais, feras capazes de matar as crias e impedir a expansão do grupo.

O progresso da espécie, depois do domínio do fogo, se acelerou. Em pouco tempo, a espécie humana mudou seu comportamento, unindo-se em torno de cidades criadas para melhorar as condições de vida da coletividade, baseada em regras sociais desenvolvidas para atender às necessidades de evolução e segurança do grupo.

A primeira responsabilidade é do homem, mas a mulher tem papel fundamental no processo. O homem conquista e ocupa. A mulher vem depois, consolida e desenvolve.

A regra é antiga, mas ainda hoje faz parte da vida moderna. Da mesma forma que a refeição ritual em volta da fogueira, destinada a manter o grupo unido, a reforçar os vínculos e a criar laços de interesse e dependência, evoluiu para o churrasco de sábado, com o progresso do mundo, a separação da vida em dois universos, um masculino e outro feminino, os contornos no tocante ao espaço ocupado pela mulher foram afrouxados.

Ao longo dos tempos, não há lenda, tradição, história ou cotidiano em que não haja a figura marcante de uma grande mulher pelejando ao lado do homem. Nos dias atuais o quadro evoluiu: é comum ver a mulher à frente do grupo, na vida profissional, na vida familiar, no afeto e na liderança. Cada vez mais a mulher ocupa um espaço da mesma dimensão e no mesmo patamar que o homem, reconhecido pelo Estado e pela sociedade, pelo governo e pelo grupo.

A mulher também é protagonista e, além disso, é mãe. O homem, nesse quadro, está em desvantagem, mas não quer dizer que seja menos. O homem nunca saberá os mistérios da maternidade, nem sentirá uma vida crescer dentro do seu corpo. O homem nunca amamentará nem sentirá as alegrias e dores típicas da maternidade. Cada um tem um papel para desempenhar. O importante é que ambos construam um mundo melhor juntos, que reforcem os laços pessoais, afetivos e sociais. Que acreditem e pratiquem a lealdade indispensável para fazer crescer juntos, inclusive na construção da casa e da família e, assim, auxiliem a comunidade a também crescer.

Mt 20,1-16: Parábola dos operários da vinha

1 *Com efeito, o Reino dos Céus é semelhante a um pai de família que saiu ao romper da manhã, a fim de contratar operários para sua vinha.* **2** *Ajustou com eles um denário por dia e enviou-os para sua vinha.* **3** *Cerca da terceira hora, saiu ainda e viu alguns que estavam na praça sem fazer nada.* **4** *Disse-lhes ele: "Ide também vós para minha vinha e vos darei o justo salário".* **5** *Eles foram. À sexta hora saiu de novo e igualmente pela nona hora, e fez o mesmo.* **6** *Finalmente, pela undécima hora, encontrou ainda outros na praça e perguntou-lhes: "Por que estais todo o dia sem fazer nada?".* **13** *O senhor, porém, observou a um deles: "Meu amigo, não te faço injustiça. Não contrataste comigo um denário?* **14** *Toma o que é teu e vai-te. Eu quero dar a este último tanto quanto a ti".* **16** *Assim, pois, os últimos serão os primeiros e os primeiros serão os últimos. [Muitos serão os chamados, mas poucos os escolhidos.]*

14 – Diferenças

PARA MEDITAR

LOGO NO INÍCIO DA PARÁBOLA DOS TRABALHADORES da vinha, Jesus compara o Reino dos Céus com o vinhateiro, que paga a seus trabalhadores com generosidade. A vinha de Deus é Israel, povo por Ele escolhido, multiplicado, transferido para a Terra Prometida e por Ele protegido. O vinhateiro sai em diferentes horas do dia para contratar operários, o que simboliza a história da humanidade em seus múltiplos períodos. Ao fim da jornada de trabalho, a atitude do vinhateiro é a tradução da misericórdia de Deus, como comenta São Cirilo de Alexandria: "É dada a mesma importância em pagamento pelo trabalho realizado". Não importa o tempo empregado. A paga ou a recompensa é "a graça do Espírito Santo". Em Seu amor, Jesus nos introduz, de modo simples e penetrante, na extraordinária generosidade e compaixão de Deus por todas as pessoas, de todos os tempos.

Pela leitura da parábola, é fácil deduzir que a falta de trabalho significa não ter alimento à mesa em seus lares. Daí a compaixão do dono da vinha. Caso contrário, os trabalhadores voltariam para casa sem o necessário para o sustento de sua família. Porém, examinando o relato sob o ângulo da justiça, torna-se compreensível a reação dos que chegaram à primeira hora e trabalharam mais do que os outros. Parece-nos natural que eles se sintam lesados ou injustiçados. Mas, talvez, o maior motivo da revolta seja a não aceitação dos direitos e privilégios daqueles que chegaram à última hora. A parábola procura exatamente destacar esse aspecto para realçar a inveja, pois ela faz ter, no dizer de Jesus, "o olho mau".

A intenção da mensagem transmitida pelo Senhor é levar os da primeira hora, o povo judeu, à compreensão do mistério da salvação, dádiva que Deus, em sua inefável generosidade, está sempre disposto a conceder a todos. No entanto, os fariseus julgam a salvação um privilégio deles, não desejando partilhá-la com outros. Eles estabeleciam uma equivalência rigorosa entre a observância da Lei mosaica e a retribuição divina. Jesus, ao contrário, mostra que a relação entre Deus e os homens se estabelece pelo amor, e não pelo mérito do cumprimento da Lei. A liberdade de Cristo, em seu relacionamento com os pecadores e pagãos, tornou-se chocante e inadmissível aos olhos dos fariseus e esse foi um dos motivos que o levaram à crucificação.

Santo Agostinho compara os trabalhadores da última hora aos mendigos, aos fracos, aos coxos e aos cegos, mas faz a ressalva: "Venham os fracos porque os sãos não necessitam de médico, mas sim os enfermos". Jesus ressuscitado comunica a todos uma nova vida. A árvore da cruz de Cristo tornou-se a árvore da vida, ligando a Terra ao Paraíso e unindo todos os povos e nações. Um símbolo do poder de Deus, que rompe todos os limites, que abate todas as barreiras e nos torna participantes da vida divina. Por Jesus, somos mergulhados em um oceano de luz e de silêncio. A ternura divina revela-se nos abismos do Seu mistério. Nosso coração sente-se embriagado pelo Seu amor e nós, admirados, contemplamos Sua sabedoria, que se eleva da Terra ao Céu. Radicalmente transcendente, sua generosidade penetra o mundo inteligível e o sensível, transfigurando-os e unindo-os. Não há espaço para exclusão. Todos são chamados a ser filhos e filhas amados de Deus. Todos são convocados a viver como irmãos e irmãs, trabalhando na mesma vinha – o mundo –, recebendo o mesmo salário: a salvação eterna.

* * *

Senhor misericordioso, em Vós coloco todos os meus cuidados. Lembrai-vos dos que trabalham na Vossa vinha e Vos servem com temor e amor. Que eles não deixem de olhar para Vós, permitindo que Vosso espírito os penetre, e todos possam participar da Vossa paz e sejam salvos! Amém.

Para refletir

Deus ajuda quem cedo madruga. O ditado é verdadeiro. Quem começa mais cedo trabalha mais tempo, tem a chance de produzir mais e ganhar mais e, assim, na rotina da luta pelo pão nosso de cada dia, construir a poupança para a época das vacas magras, que sempre vem, chova ou faça sol. O trabalho honesto enobrece. Dá grandeza ao caráter do ser humano, endurece o corpo e abre a alma.

Não há contradição entre a posição do Cristo e a regra acima. Não, elas se complementam. O trabalho enobrece, enriquece e traz recompensas de todas as ordens. Por isso, todos devem trabalhar. Mas os seres humanos não são iguais, suas capacidades são diferentes, suas habilidades são diferentes, suas resistências são diferentes. Cada pessoa é ela mesma e mais ninguém. No máximo, somos semelhantes aos outros. Mais que isso é ir além da natureza humana, é negar Deus. As comparações não se sustentam. Repetindo, cada ser humano é único. Por isso não pode ser comparado a outro. E menos ainda por outra pessoa, que usará a escala de valores dela para o julgamento. Quem somos nós para julgar o próximo? "Quem nunca pecou atire a primeira pedra." Se nós todos somos imperfeitos, com que direito julgamos a imperfeição do próximo? Por que teríamos o privilégio de julgar suas habilidades e suas competências, inclusive para o trabalho, de acordo com nosso código pessoal, ou seja, de acordo com regras que são boas para nós? Quem disse que nossa escala de valores é a correta?

Ao pagar a todos a mesma quantia, independentemente das horas trabalhadas, a parábola reforça as diferenças entre os seres humanos e reforça também a ideia de que elas não podem ser usadas para fazer distinções que marginalizem quem pode menos, quem é menos preparado, quem é menos competente. Ninguém é competente ou incompetente porque quer. Ninguém é mais inteligente, nem mais bonito, nem mais habilidoso por escolha própria. Todo ser humano nasce com suas vantagens e desvantagens e elas devem ser levadas em conta em todos os momentos da vida. O que faz diferença é a forma como usamos nossas habilidades. Se somos generosos. Se somos mesquinhos. Se aceitamos dividir com quem necessita mais do que nós.

Se a regra de minimizar as diferenças vale para as regatas de veleiros, nas quais os barcos menos aparelhados têm a velocidade menor compensada por um tempo maior para realizar o mesmo percurso que as embarcações com mais velas, por que, no dia a dia, os que podem menos, ou os que começam mais tarde, não teriam suas limitações compensadas diante das vantagens dos que nascem mais preparados, dos que, por isso mesmo, podem começar mais cedo?

Lc 9,7-9: Herodes e Jesus

7 *O tetrarca Herodes ouviu falar de tudo o que Jesus fazia e ficou perplexo. Uns diziam: "É João que ressurgiu dos mortos"; outros: "É Elias que apareceu";* **8** *e ainda outros: "É um dos antigos profetas que ressuscitou".* **9** *Mas Herodes dizia: "Eu degolei a João. Quem é, pois, este, de quem ouço tais coisas?". E procurava ocasião de vê-lo.*

15 – Herói

Para meditar

HERODES ERA REI DA JUDEIA. O interesse dele por Jesus vinha do medo e da covardia. Já havia mandado matar o profeta João Batista e eis que começou a ouvir falar dos milagres de outro pregador. São João Crisóstomo descreve muito bem qual era a grande inquietação do rei: "Tomando conhecimento das obras de Jesus, Herodes encheu-se de medo. Ele julgava que João Batista tivesse ressuscitado, o que o atemorizava e o deixava alarmado".

João Batista foi um dos maiores adversários de Herodes e não perdia a oportunidade de denunciar suas injustiças e pecados. A respeito disso, escreveu Teodoro de Heracleia: "João poderia usar contra ele, de modo ainda mais decisivo, a sua cáustica liberdade de palavra. Motivo para ele de terror e de frustração, pois João trazia a público as suas ações desonestas". Se Herodes o temia, não deixava de respeitá-lo como grande profeta e servo de Deus, embora João o recriminasse por causa de seu relacionamento adúltero com a própria cunhada.

Mesmo vigiado e perseguido, João Batista não desistiu de acusar publicamente o rei. Não tergiversava, com o intuito de adulá-lo, mas preferiu permanecer fiel à vontade de Deus e à sua Lei, o que lhe custou a vida. A atitude de João Batista pode ser entendida como uma crítica implícita a todos os que se colocam ao redor dos poderosos e dos ricos aspirando obter benefícios pessoais. Santo Ambrósio nos dá sua interpretação dos fatos: "A tristeza do rei indica não o seu arrependimento, mas a confissão de sua iniquidade. Segundo o uso das Sagradas Escrituras, os que fizeram coisas ímpias se condenam a si mesmos pela própria confissão".

Os comentários a respeito dos milagres e dos ensinamentos de Jesus intrigaram Herodes. Excitaram de tal modo a sua curiosidade que ele quis saber quem era aquele homem chamado por todos de Messias. A resposta veio da boca do povo. Muitos diziam que era João Batista que tinha voltado à vida. Outros afirmavam ser Elias ou algum outro profeta enviado por Deus.

Os Apóstolos conheciam bem esses boatos que corriam entre o povo. Tanto que, quando Jesus partiu com eles para as aldeias de Cesareia de Filipe, perguntou-lhes o que os homens pensavam sobre Ele. Os discípulos repetiram o que tinham ouvido nas ruas. Logo em seguida, Jesus quis saber qual era a opinião dos próprios Apóstolos, como registrou Marcos em seu Evangelho: "E vós, quem dizeis que eu sou?". Respondeu-lhe Pedro: "Tu és o Cristo" (Mc 8,27-29). São Leão Magno descreve assim a resposta do Apóstolo: "A confissão, inspirada pelo Pai no coração de Pedro, supera todas as incertezas das opiniões humanas e alcança a firmeza da rocha que jamais será vencida por qualquer espécie de violência".

Um drama se esboça no coração de Herodes. Diante de João Batista, e agora diante de Jesus, ele se sente questionado e colocado ante a possibilidade do pecado e da santidade. Ambos se situam no mesmo plano e pressupõem a liberdade e a responsabilidade humana. A voz do profeta deveria fazer Herodes tomar consciência de seu pecado, mas, se ele parece reconhecê-lo em nível subjetivo, ele não é capaz de assumi-lo conscientemente. Sente-se confuso e temeroso. No seu íntimo, a intenção subjetiva de mudança torna-se forte e urgente, mas só poderia ser alcançada pela conversão, da qual ele foge. Contrariando a lei divina, Herodes se deixa envolver, sempre mais, pelo conflito interior que o persegue e o atormenta, sobretudo, no momento do julgamento de Jesus.

Até o fim, Herodes vacila. Pilatos envia o Filho de Deus à presença dele quando descobre que Jesus é galileu. Herodes pode finalmente satisfazer a curiosidade de conhecê-Lo, chega até a alegrar-se. Faz muitas perguntas, mas Jesus permanece em silêncio. Enraivecido, Herodes zomba Dele, despreza-O, mas não tem coragem de sentenciá-Lo à morte. Devolve Cristo a Pilatos. Ele que decidisse o fim de Jesus.

Se heroica foi a atitude de Jesus entregando-se ao suplício da crucificação, covarde foi a de Herodes, que nada fez para salvá-Lo.

* * *

Senhor, nos momentos difíceis eu ponho minha confiança em Vós e jamais serei confundido, pois Vós tendes Vossos olhos bondo-

sos voltados para mim. Olhai por mim e que Vossa face luminosa brilhe sobre mim. Sinto-me amado incondicionalmente por Vós, em quem encontro repouso e paz. Amém.

PARA REFLETIR

OS PODEROSOS NÃO GOSTAM DOS ESPELHOS. Neles, veem seu retrato como de fato sabem que são. Todo ser humano sabe que não é Deus. Todo ser humano tem medo. Não importa se a pessoa é poderosa, rica, ou se se imagina melhor do que as outras. No fundo, todos, sem exceção, sabem que são apenas seres humanos, com os medos e as incertezas de todos os seres humanos.

O caminho para a riqueza e para o poder nem sempre é fácil, nem sempre é reto, nem sempre é trilhado de acordo com as regras simples que definem o bem e o mal, o bom e o mau, o honesto e o desonesto. Para chegar lá algumas pessoas não medem seus atos. Os meios justificam os fins. E o fim é ser rico, ser poderoso, mandar na vida dos outros, seja lá como for. Tanto faz se ao longo da estrada outras pessoas sejam empurradas para fora, pisadas ou passadas para trás. O importante é o fim, é chegar lá. Sentar-se à mesa dos poderosos, repartir o banquete com eles. Fazer parte do grupo, nem que para isso seja preciso entregar a alma ao diabo, sujeitar--se ao mais baixo, ao mais feio, ao mais imoral. Por isso, nem sempre os poderosos gostam de ver o cidadão comum, aquele homem honesto, que ganha o pão de cada dia trabalhando sem parar, com esforço, com sacrifício, sem roubar nem enganar ninguém, somente tendo por principal objetivo conseguir o necessário para sua família.

O verdadeiro herói deste mundo não é o cavaleiro que atropela todos e tudo para chegar em primeiro lugar. Não é o poderoso que fala, mas não dá o exemplo. Não é quem diz que é, mas na verdade não é. O herói do mundo é o arrimo de família, o ser humano comum que sai de casa e se perde na multidão, que anda de metrô, ônibus, carro, como milhares de outros seres humanos, e sem reclamar cumpre sua tarefa, trabalha, paga suas contas. É o ser humano que se perde na multidão porque é parte dela. E que, por isso justamente, não se perde, mas se integra a ela, se mistura com ela, soma para fazer o grupo mais forte e mais unido.

Os poderosos não gostam de encarar quem os faz olhar para dentro de si, pois com certeza encontrarão coisas más. As manchas que adquiriram ao longo do caminho, enganando, trapaceando, passando os outros para trás. Os poderosos não querem olhar para dentro de si para não tomar consciência de que não são tão bons, justos e honestos como gostariam de ser.

Por isso os poderosos temem o homem comum que os encara e não tem medo de olhá-los com os olhos nos olhos.

Lc 9,46-50: Quem é o maior?

46 *Veio-lhes então o pensamento de qual deles seria o maior.* **47** *Penetrando Jesus nos pensamentos de seus corações, tomou um menino, colocou-o junto de si e disse-lhes:* **48** *"Todo o que recebe este menino em meu nome, a mim é que recebe; e quem recebe a mim recebe aquele que me enviou; pois quem dentre vós for o menor, esse será grande".* **49** *João tomou a palavra e disse: "Mestre, vimos um homem que expelia demônios em teu nome, e nós lho proibimos, porque não é dos nossos".* **50** *Mas Jesus lhe disse: "Não lho proibais; porque o que não é contra vós é a vosso favor".*

16 – Humildade

PARA MEDITAR

DESDE QUE FOI ESCOLHIDO PARA SER um dos doze Apóstolos, Simão Pedro recebe vários sinais que mostram preferência por parte do Senhor. O mais evidente foi quando Jesus disse que Simão Pedro seria a pedra fundamental da Igreja que fundará, e acrescentou: "Eu te darei as chaves do Reino dos Céus: tudo o que ligares na terra será ligado nos céus, e tudo o que desligares na terra será desligado nos céus" (Mt 16,16-19).

Mas houve outras demonstrações de apreço em relação a esse Apóstolo. Cristo subiu ao alto de uma montanha levando apenas Pedro, Tiago e João. Lá em cima, os três foram os únicos a testemunhar a transfiguração de Jesus. Também é bastante significativo o episódio da cobrança do imposto do Templo. Jesus não era obrigado a pagar, mas, para evitar confusão com as autoridades locais, diz a Pedro para ir pescar, que dentro da boca do primeiro peixe que fisgasse ele encontraria um estáter (uma moeda): "Toma-o e dá-o por mim e por ti" (Mt 17,24-27). São Jerônimo escreveu a respeito disso: "Não esqueçamos que os demais Apóstolos tinham visto que Pedro e o Senhor pagaram o mesmo tributo". Tanta atenção a Pedro poderia despertar, entre os Apóstolos, certa rivalidade. Vem, então, muito a propósito a questão dos discípulos de Jesus, que se aproximam Dele e Lhe perguntam: "Quem é o maior no Reino dos Céus?".

Em todos os tempos, o desejo de grandeza e de glória esteve presente, mas nada escapa ao olhar atento de Jesus. Como Seus seguidores se admiravam mais com Seus feitos do que compreendiam Suas palavras, Jesus procura mostrar que para partilhar da Sua glória era necessário passar pela cruz: "O Filho do Homem há de ser entregue às mãos dos homens!" (Lc 9,44). De imediato, os discípulos não O entendem. Não podiam compreendê-Lo porque faziam uma ideia menos trágica e mais gloriosa da vinda do Messias. Escreve São Jerônimo: "Pacientemente, Jesus quer agora purificar, por meio da humildade, o desejo de glória manifestado por eles". Ele se assenta, como no Sermão da Montanha, e profere um solene apelo, pois não se trata simplesmente de uma situação hierárquica ou posição social. O essencial não é o lugar que os Apóstolos ocuparão junto a Ele, mas a condição necessária para entrar no Reino de Deus. E esta consiste, de acordo com São Gregório de Nissa, "no serviço, compreendido como atitude de quem segue o Mestre e abraça como sentido de sua vida o amor a Deus e ao próximo".

O discípulo torna-se, então, pura transparência do Senhor. Quanto mais o homem se une ao Senhor e o reflete, tanto mais é conduzido a servir. Assim, por meio do amor, expresso no serviço ao próximo, ele penetra a realidade sem limites da divindade.

Para tanto, há uma exigência, a de conversão, que requer mudança na maneira de ser e de pensar. Pois disse Jesus: "Se alguém quer ser o primeiro, seja o último de todos e o servo de todos" (Mc 9,35). Ele exemplifica tomando uma criança e colocando-a no meio deles. Com esse gesto, segundo Orígenes, o Senhor procurou simbolizar a humildade, obra do Espírito Santo na vida de quem O segue.

Desde que esse ensinamento de Cristo foi registrado nos Evangelhos, as crianças servem de inspiração para os que cultivam a atitude espiritual de humildade e a disposição interior para acolher a Palavra do Pai. São Jerônimo afirma que nos tornamos, "por meio de uma santa existência, o que são as crianças em sua simplicidade".

Após refletir sobre o que dizem todos esses pensadores cristãos, estaremos mais sensibilizados para entender as palavras de Jesus: "Não desprezeis nenhum desses pequeninos, porque eu vos digo que os seus anjos nos céus veem continuamente a face de meu Pai, que está nos céus". Que essas palavras nos sirvam sempre de modelo para a compreensão das crianças e dos humildes, aos quais, como destaca Cromácio de Aquileia, "Jesus promete o Reino dos céus e a familiaridade com os anjos".

* * *

Senhor, Vós renovais nossa vida, dissipando o orgulho e a vaidade. Tudo que não é em Vós e para Vós desaparecerá com o tempo.

Que eu seja, como as crianças, simples e humilde, pronto a servir, permanecendo sempre sob Vossa proteção! Amém.

PARA REFLETIR

ENTRE AS VIRTUDES HUMANAS, POUCAS SÃO TÃO bonitas quanto a humildade. Ser humilde não é receber um elogio e ficar todo orgulhoso, mas fazer de conta que não, que ele não é merecido. Ser humilde é saber o que foi e o que não foi efetivamente feito; o que tem importância entre as ações da pessoa. Mas, acima de tudo, ser humilde é fazer porque tem que ser feito e não porque a ação pode gerar glória, fama ou outra consequência materialmente boa.

As crianças são puras de espírito. Por isso suas ações não visam ao lucro. A comparação da parábola é boa para mostrar que cada um de nós deve buscar ser como a criança, não porque somos ingênuos, mas porque nossas ações devem ser sinceras, brotar do coração e ser bem-feitas Não é o caso de pensar em agir assim só para ganhar isso ou aquilo. Também não é o caso de fazer algo apenas porque, fazendo, o ato será visto e entendido como um ato bom ou generoso. Nada disso: o importante é fazer pela vontade de fazer, porque fazer é o correto, é o que deve ser feito.

É preciso que haja coerência entre o ato de fazer, a vontade de fazer e a consciência do que é certo fazer. Ninguém precisa saber o que foi feito. Ninguém precisa espalhar aos ventos que ele é bom ou que determinada ação é boa. Em outra passagem do Novo Testamento Jesus alerta para, quando alguém praticar o bem, fazê-lo de forma discreta, ou seja, a outra mão não precisa saber o que essa mão faz. A humildade está diretamente amarrada a essa ideia. Fazer ou não fazer não depende das honras e das vantagens que o ato pode trazer. Depende do comprometimento da pessoa com ela mesma e com o ato praticado. Ou, antes, com a ideia de praticar o ato.

Os últimos serão os primeiros não porque todos os últimos merecem ser os primeiros ou porque essa é a regra. Como diz um amigo, os últimos serão os primeiros apenas na saída do elevador. Nas outras situações os últimos serão os primeiros que deliberadamente ficarem até o final, ainda que o final possa ser perigoso. Serão aqueles que saem depois de auxiliar os demais a sair. Na hora do reconhecimento, eles virão antes porque saíram por último, porque isso era o que deveriam fazer e não porque não pudessem fazer de outra forma.

Ao lavar os pés dos Apóstolos, Jesus dá o exemplo. Ele não se submete ao ato de lavar os pés dos outros; ele deliberadamente lava os pés dos outros. Nem por isso ele perde sua condição, nem por isso ele perde sua importância ou se apequena. Não, ele continua Jesus.

Por isso, ninguém deve se achar mais do que o outro porque ocupa um cargo mais elevado ou ganha mais. Todos são tão importantes quanto qualquer outro, cada um dentro do seu universo, cada um dentro de suas responsabilidades. O importante é fazer bem-feito porque deve ser bem-feito. Enfim, agindo desse modo, cada um no seu nível, o faxineiro é tão importante quanto o presidente.

Lc 9,51-56: Jesus não é acolhido pelos samaritanos

51 Aproximando-se o tempo em que Jesus devia ser arrebatado deste mundo, ele resolveu dirigir-se a Jerusalém. **52** Enviou diante de si mensageiros que, tendo partido, entraram em uma povoação dos samaritanos para lhe arranjar pousada. **53** Mas não o receberam, por ele dar mostras de que ia para Jerusalém. **54** Vendo isso, Tiago e João disseram: "Senhor, queres que mandemos que desça fogo do céu e os consuma?". **55** Jesus voltou-se e repreendeu-os severamente. ["Não sabeis de que espírito sois animados. **56** O Filho do Homem não veio para perder as vidas dos homens, mas para salvá-las."]

17 – ACEITAR

PARA MEDITAR

A CAMINHO DE JERUSALÉM, JESUS ENVIA mensageiros com o objetivo de preparar os samaritanos para a Sua visita. De certo modo, esses enviados recebem a mesma missão do profeta precursor, João Batista: preparar o caminho do Senhor. Vindo da Galileia, Jesus dirige-se à Cidade Santa, onde pretende oferecer a própria vida em sacrifício para a salvação da humanidade. Mas o anúncio prévio de Sua chegada de nada adiantou. Jesus e Seus discípulos não são bem recebidos pelos samaritanos.

Indignados, os Apóstolos Tiago e João perguntam a Jesus: "Senhor, queres que mandemos que desça fogo do céu e os consuma?". Ditas pelos Apóstolos, tais palavras causam estranheza. Ficamos surpreendidos ao vê-los sugerindo a destruição de uma pequena aldeia. Embora judeus e samaritanos estivessem divididos por séculos de história, Jesus decide passar por esse território, que ficava entre a Galileia e a Judeia, e ali lhes pedir hospitalidade. Mesmo não compreendido, o gesto revela o coração humilde e generoso de Jesus. Sua oferta de amizade é recusada.

À pergunta feita, os Apóstolos recebem de Jesus, como resposta, uma dura repreensão: "Não sabeis de que espírito sois animados". Ao mesmo tempo, Ele procura fazê-los compreender o que O aguarda em Jerusalém. Lá seria crucificado e entregaria sua vida pela redenção dos judeus, samaritanos e gentios. Reconciliados com Deus, todos se tornariam um só povo. Escreve São Cirilo de Jerusalém: "Jesus persuade, desse modo, os Apóstolos a serem pacientes e a se guardarem distantes de perturbações de tal gênero". No fundo, Jesus já os preparava para também serem rejeitados. Herodes já O procurava para matá-Lo e a perseguição aos cristãos era iminente.

Brotam questões sobre a atitude dos samaritanos nessa recusa em hospedar Jesus. Sem dúvida, eles gozam da liberdade de ação. Liberdade de acolher ou não o Mestre. No entanto, por razões culturais que os precedem, e quem sabe por temerem algum tipo de represália, não o fazem. Por isso é difícil julgar o modo de agir dos samaritanos do ponto de vista moral. Para culpá-los seria necessário definir a conduta humana, independentemente de tais determinações. Por isso, em sua sabedoria e conhecendo o coração das pessoas, Jesus silencia e continua Seu caminho, aquele que trará salvação a todos, inclusive aos samaritanos.

* * *

Ó Senhor, Vós sois amor e misericórdia. Na mãe terra brotou a semente do amor generoso e misericordioso de Deus, Jesus Cristo, em quem a justiça divina e a paz se abraçam. Livrai-me de todo tipo de preconceito e intolerância, e dilatai meu coração para amar e buscar o bem de todos. Amém.

Para refletir

Cada um sabe de si. O livre-arbítrio é o mais belo dom do ser humano. Alguém pode ou não abrir a porta de sua casa para receber outra pessoa. Por que abre e por que não abre compete a ele saber, compete a ele decidir. Nem toda decisão se baseia num motivo claro, numa ação pensada e iniciada em função de um começo ou um fim acontecido em algum momento, diretamente com aquele alguém.

Eu posso abrir minha porta para recebê-lo e você pode fechar a sua, recusando-se a me receber. Nem por isso eu serei melhor ou você será melhor. As razões que fazem um agir de uma forma e outro agir de outra vão além do certo e do errado. Até mesmo porque o certo para mim pode ser errado para você. Sua visão do mundo pode ser diferente da minha. Suas tradições, sua educação, seus valores morais podem ser diferentes dos meus. Minha vida pode ser diferente da sua. Então, o certo e o errado podem variar diante de nossa experiência do mundo.

Pode acontecer de, num segundo momento, revermos a posição anterior e, por uma razão ou outra, concluirmos que o que fizemos foi errado e, daí em diante, mudarmos de comportamento. Pode ser que aconteça até de nos arrependermos do que fizemos antes, mas não é necessário que o arrependimento aconteça. Cada momento é um momento. Nosso caminho sobre a Terra não é estático, nem tem uma única velocidade, nem uma única forma de ser percorrido. Ao longo dele, somos colocados diante de situações que podem nos fazer mudar, de experiências que podem abrir novas perspectivas, de fatos que coloquem em xeque as decisões anteriores.

Todos, cada um ao seu modo, andamos para a frente. O sentido da vida é viver a vida que nos é dada. Mais que isso é querer demais e o ser humano não é tão grande para poder dar muito. Se cada um der o que pode já é bem mais do que o suficiente. Assim, fechar a porta, não querer receber o próximo, é a reação comum. O medo de pensar, o medo do desconhecido, o medo de mudar travam as pessoas e impedem que cada um reflita profundamente sobre o que está fazendo. É mais fácil fazer porque sempre foi feito do que deixar de fazer porque é assim que parece certo.

De outro lado, é mais belo saber que é assim e deixar que seja assim, sem ódio, sem rancor, sem decepção, mas como uma prova de vida, de que é possível aprender com a vida e aceitar os outros como eles são, sem verdades preconcebidas, sem preconceitos, apenas porque é assim que fulano é e, portanto, é assim que eu devo aceitá-lo.

Lc 10,21: Evangelho revelado aos pequeninos

21 *Naquela mesma hora, Jesus exultou de alegria no Espírito Santo e disse: "Pai, Senhor do céu e da terra, eu te dou graças porque escondeste essas coisas aos sábios e inteligentes e as revelaste aos pequeninos. Sim, Pai, bendigo-te porque assim foi do teu agrado".*

18 – SIMPLICIDADE

PARA MEDITAR

PÔS-SE JESUS A DIZER: "Pai, Senhor do céu e da terra, eu te dou graças porque escondeste essas coisas aos sábios e inteligentes e as revelaste aos pequeninos". Os termos "céu" e "terra" designam toda a Criação, segundo observa Santo Agostinho. Certamente, o orgulho intelectual, a frieza de coração e o fanatismo fecham o homem para as coisas de Deus e de seu Reino. O orgulho, aliás, é a raiz de todos os vícios e exerce grande influência sobre nós, impelindo-nos ao pecado.

Jesus contrasta o orgulho com a atitude de uma criança em sua simplicidade e humildade. O simples de coração vê sem pretensões, reconhece sua dependência de Deus e Nele confia. As vocações de Davi e de Jeremias são dois exemplos, entre tantos outros, da predileção de Deus pelos pequenos e simples. Davi era um jovem pastor quando foi escolhido por Ele para ser rei de Israel. De origem camponesa, Jeremias não passava de um jovenzinho quando, por intervenção divina, foi consagrado como o "profeta das nações". Deus se opõe aos orgulhosos e dá sua graça aos humildes.

Jesus rende graças ao Pai, porque diz Ele: "Escondeste essas coisas aos sábios e inteligentes e as revelaste aos pequeninos". E, mais adiante, acrescenta: "Ninguém conhece quem é o Filho senão o Pai, nem quem é o Pai senão o Filho, e aquele a quem o Filho o quiser revelar". O verbo conhecer, em seu sentido bíblico, exprime aqui a comunhão tanto no pensar como no querer. A designação "Filho de Deus" não é um simples título, mas uma intimidade, uma comunhão total e perfeita de Jesus com o Pai.

Portanto, é na intimidade com Deus que os simples e pequeninos são introduzidos, quando ouvem e aceitam com fervor as palavras de Jesus. No dizer de São Gregório de Nazianzo, outro que desde pequeno demonstrou inclinação para a vida mística, "o Senhor se faz pobre; suporta a pobreza de minha carne para que eu alcance os tesouros de sua divindade. Ele tudo tem, de tudo se despoja; por um breve tempo se despoja mesmo de Sua glória para que eu possa participar de Sua plenitude". Eis a maior riqueza comunicada por Jesus à humanidade: fazer parte da glória, da vida íntima do Pai.

* * *

Ó Deus, concedei-me a simplicidade de uma criança e a pureza da fé para poder contemplar Vossa face e participar de Vosso amor todo misericordioso. Removei toda dúvida, medo e orgulho do meu coração e dos meus pensamentos, para que eu possa receber Vossa palavra com confiança e humilde submissão. Amém.

Para refletir

O pescador conhece o mar porque sua vida se passa no mar. E ele conhece os peixes porque sua missão é pescar. Ele conhece o mar e os peixes como consequência de sua vida, do destino que lhe cumpre seguir. O cientista conhece o mar porque estuda o mar. Da mesma forma, o cientista conhece os peixes porque estuda os peixes. Não quer dizer que o cientista conheça mais do que o pescador, e sim que os conhecimentos são diferentes e que, em matéria de navegar e de pescar, o pescador leva vantagem. Para ele é mais importante conhecer os ventos e as marés do que saber que sua vida é pautada por uma determinada corrente que se aproxima do continente ou pelo ar quente que derrete as neves do outro lado do mundo.

O pescador é simples na forma de vida e de ver o mundo. Para ele basta saber o vento com que é seguro sair mar afora. Que sua pescaria depende de o tempo estar propício à navegação e à pesca. Para o cientista o conhecimento é mais complexo. Ele estuda causas e efeitos, descobre as razões profundas que explicam as coisas e os porquês de as coisas serem como são. Para ele, o fato em si, a arte de navegar e pescar, não tem interesse. O importante é conhecer as razões por trás da possibilidade de a pesca se dar desta ou daquela forma.

Ser simples pode parecer mais fácil, mas não quer dizer que a vida seja mais fácil para quem vê as coisas com a simplicidade da alma. Navegar em mar revolto é mais perigoso que estudar os mistérios da natureza trancado numa sala com ar-condicionado e afastado do mundo.

Cada um é o que é. Ninguém é melhor ou pior do que o outro. Não ser igual, mas semelhante, não faz ninguém brilhar mais. O que nos aproxima da felicidade é de noite encostar a cabeça no travesseiro e dormir sem peso na consciência, porque fizemos bem-feito o que nos cumpria fazer ao longo do dia.

As verdades definitivas, a necessidade de brilhar a qualquer custo, o orgulho não levam a lugar nenhum, exceto à decepção. Decepção que pode vir cedo ou tarde, mas que vem, nem que seja no momento da morte, quando descobrimos que somos tão fracos, tão vulneráveis como qualquer outro, independentemente de posição, de riqueza, de poder durante a vida. Para o outro lado vamos todos tão pobres como quando nascemos.

Nessa hora o que realmente importa não é o que fizemos, mas como vivemos. Nossa fé, nossas verdades são simples e objetivas como o pescador saindo para o mar porque sua missão é pescar para conseguir o sustento de cada dia? Mesmo diante dos problemas do mundo, das grandes questões sem resposta, a simplicidade é a melhor maneira de se posicionar. O olhar da criança não é tolo. É puro e está aberto para viver os mistérios que nós não sabemos explicar. É mais fácil aprender quando se sabe que não se sabe do que quando se imagina que se tem as respostas.

Lc 10,25-37: O maior mandamento

25 *Levantou-se um doutor da Lei e, para pô-lo à prova, perguntou: "Mestre, que devo fazer para possuir a vida eterna?".* **26** *Disse-lhe Jesus: "Que está escrito na Lei? Como é que lês?".* **27** *Respondeu ele: "Amarás o Senhor, teu Deus, de todo o teu coração, de toda a tua alma, de todas as tuas forças e de todo o teu pensamento (Dt 6,5); e a teu próximo como a ti mesmo" (Lv 19,18).* **28** *Falou-lhe Jesus: "Respondeste bem; faze isto e viverás".*

19 – Amor

PARA MEDITAR

JESUS NOS FALA DA PRIMAZIA DO AMOR, o que leva Santo Agostinho a dizer que "todos os preceitos do amor são de tal natureza que se o homem crê ter feito algo bom, mas sem caridade, ele totalmente se equivoca". É a exigência de amar a Deus com toda a sua alma, com toda a sua mente, com toda a sua força. Orígenes reforça essa ideia: "Amar ao Senhor não só é o maior mandamento, mas também o primeiro de todos".

Ao longo de todo o Novo Testamento, usando parábolas ou as próprias ações, Jesus dá diversas demonstrações de amor, compaixão, generosidade e misericórdia. Com isso, Ele quer nos mostrar a infinita capacidade de amar do Pai.

São Basílio Magno escreveu que da força do amor "emerge a morte às idolatrias do pecado. Na ordem do ser, ao orgulho e à vaidade, e, na ordem do ter, às posses materiais e honrarias". É a renúncia aos falsos deuses que criamos ao longo da vida. É a aceitação de que as palavras de Jesus precisam se transformar em atos pessoais para que alcancemos o amor de Deus. E então, como já disse São João Crisóstomo, mergulhados no amor ao Pai, reconhecemos que a majestade de Deus se honra melhor com o serviço humilde ao próximo e não só com palavras. O Apóstolo São Paulo confirma que "a esperança não engana, porque o amor de Deus foi derramado em nossos corações pelo Espírito Santo que nos foi dado" (Rm 5,5).

O amor a Deus expressa-se no amor ao próximo. Com efeito, esse sentimento nos invade de tal modo que é pelo próprio amor de Deus que amamos aos nossos semelhantes, sejam eles quem forem. Isso vale mais do que todos os sacrifícios praticados em Seu nome. Para explicar a um doutor da Lei o que é ser próximo, Jesus narra a parábola do bom samaritano. Ele fala de um homem ferido por assaltantes, que jaz no meio de uma estrada. Três passam por ele. Os dois primeiros mostram-se indiferentes e seguem adiante sem socorrê-lo. O terceiro, movido pela compaixão, cuida do agonizante com desvelo. E esse homem de bom coração é justamente um samaritano, considerado estrangeiro pelos judeus. Pergunta Jesus: "Qual dos três foi o próximo do homem que caiu nas mãos dos assaltantes?". O homem da Lei compreende o sentido da parábola e responde: "Aquele que usou de misericórdia com ele". Jesus então lhe diz: "Vai, e faze tu o mesmo".

Nossa capacidade de amar ao próximo está intimamente relacionada à nossa capacidade de amar a Deus. A propósito disso, escreveu Doroteu de Gaza: "Eis a natureza do amor: quando nos afastamos do centro e não amamos a Deus, igualmente nos afastamos do próximo. Mas, se amamos a Deus, quanto mais nos avizinhamos a Ele, por amor, tanto mais estaremos unidos ao próximo, no amor". Viver essa união é formar um só corpo, ou, como prega São Paulo, "somos membros uns dos outros". Único corpo, ilimitado, no qual o amor circula como uma espécie de sangue divino e humano. É a transcrição na humanidade da comunhão trinitária.

O ser humano, quando tocado por Jesus, jamais estará separado, isolado. Ele se santifica e cresce na comunhão com Deus, sem nunca estar separado de seus semelhantes. De fato, a oração e o amor integram as pessoas entre si e contribuem para que cada uma alcance seu progresso espiritual infinito. A meta que as impulsiona a crescer é a busca da felicidade, fim último de suas diversas atividades. O encontro com a perfeita alegria vai dar-se na suave serenidade do amor a Deus e ao próximo. Pois é na imensa dinâmica do amor que o outro se apresenta a nós como o "próximo", e cada um de nós adquire a condição de ser o "próximo" dos outros. Jesus continua a nos dizer: "Vai, e faze tu o mesmo".

* * *

Senhor, Vosso amor ultrapassa todas as coisas. Acendei em meu coração o fogo do Vosso amor e fortalecei minha fé e esperança em Vossas promessas. Ajudai-me a doar-me no generoso serviço aos outros como Vós generosamente Vos doastes a mim. Amém.

Para refletir

O MAIOR MANDAMENTO É AMAR O MAIOR AMOR. Amar a Deus é amar completamente, sem barreiras, sem limite, sem horizonte. É a capacidade de entrega total. De ser parte do Universo, sentir a pulsação do Universo no mesmo ritmo do coração. Nas veias, no sangue correndo, na respiração profunda e tranquila, nos olhos que veem o mundo com calma, na paz que sobe do mais escondido dentro de nós e se irradia pelo corpo e pela alma, pela carne e pelo além da carne.

O maior mandamento é o maior amor. O amor de Deus é o amor do ser humano pelo ser humano, o amor de nós por nós mesmos e de nós por todos os outros que amam com a mesma intensidade, numa onda cósmica que transcende a pessoa, ao mesmo tempo que é parte dela e cria uma onda de energia que a liga, fazendo de cada um o todo e retirando do todo a essência de cada um.

No amor não há certo e errado porque o próprio sentimento anula a possibilidade do erro. O amor redime o erro, o amor não aceita o pecado, o amor se impõe pela sua pureza como uma força geradora de vibrações positivas.

É uma força que se reparte em diferentes formas de amor, não na essência, mas na exteriorização. O amor é único, mas não se confunde nem permite confusão. Como o ser humano é diverso e suas relações acompanham sua diversidade em diferentes planos, o amor se materializa de formas distintas, levando em conta seu objeto e sua finalidade.

O amor do homem pela mulher é diferente do amor do homem pelo homem ou da mulher pela mulher, sem que isso implique escala de intensidade. A intensidade pode ser a mesma, mas a exteriorização da forma de amar não se confunde. Cada uma é uma e se completa dentro dela mesma.

    Eu te amo porque você é a mulher da minha vida. Eu te amo porque você é meu filho ou minha filha. Eu te amo porque você é minha mãe. Eu te amo porque você é meu pai. Eu te amo porque você é meu amigo ou minha amiga. Eu te amo porque o sentimento que nos liga é o amor. O amor profundo, sem definição em palavras, mas claro e transparente na maneira de sentir. De repartir, de estender a mão e receber a outra mão que se estende em nossa direção. De aceitar o pedaço de pão que ela nos entrega e repartir a nossa água, porque a água e o pão são o alimento do corpo, mas o amor é o alimento da vida.

    O amor solta os sonhos. O amor constrói realidades. O amor ergue pontes e une as pessoas com uma argamassa mais resistente que o aço, mais dura que o diamante, mais brilhante que o Sol.

    Amar é ser dia e ser noite, aceitar o ritmo do tempo na eternidade do universo. Amar é ser começo e fim, onde o fim reencontra o começo para a perpetuação da vida. Amar é, acima de tudo, fazer parte do mistério de Deus.

Lc 10, 38-42: Marta e Maria

38 *Estando Jesus em viagem, entrou numa aldeia, onde uma mulher, chamada Marta, o recebeu em sua casa.* **39** *Tinha ela uma irmã por nome Maria, que se assentou aos pés do Senhor para ouvi-lo falar.* **40** *Marta, toda preocupada na lida da casa, veio a Jesus e disse: "Senhor, não te importas que minha irmã me deixe só a servir? Dize-lhe que me ajude".* **41** *Respondeu-lhe o Senhor: "Marta, Marta, andas muito inquieta e te preocupas com muitas coisas;* **42** *no entanto, uma só coisa é necessária; Maria escolheu a boa parte, que lhe não será tirada".*

20 – SOMA

Para meditar

O TEXTO NARRA QUE JESUS E SEUS APÓSTOLOS "estavam em viagem", expressão algumas vezes usada para indicar a viagem do Senhor a Jerusalém, onde Ele encerraria sua missão na terra. Por meio de outras informações bíblicas, sabe-se que a casa de Marta e Maria ficava a cerca de três quilômetros da Cidade Santa. Como mais tarde faria Zaqueu, em Jericó, Marta recebe Jesus em sua casa. Enquanto se ocupava do serviço diário, Maria, sua irmã, permanecia sentada aos pés do Senhor escutando Sua Palavra, numa atitude característica dos discípulos, sempre atentos à palavra do Mestre.

    A descrição que Lucas faz da acolhida de Marta a Jesus desperta em nós o desejo de também recebê-lo em nossa casa, em nossa vida. O tratamento "Senhor", usado por Marta, é o mesmo consagrado pela Igreja, e é como todos os cristãos devem se referir a Ele na escuta obediente de Sua Palavra.

Maria representa os fiéis, semelhantes a ela, atentos e dóceis às palavras de Jesus. Marta, em meio aos muitos afazeres, solicita a ajuda da irmã. A resposta afetuosa de Jesus a alerta sobre não se inquietar nem se agitar tanto, embora o gesto de Marta, que tentava deixar a casa à altura do visitante, refletisse a delicadeza de uma amizade que pensa jamais ter feito o suficiente. Porém, Jesus julga propícia a ocasião para alertá-la sobre o que era mais importante, a substância essencial: Sua Palavra. Aí está o verdadeiro alimento, o próprio Jesus, que será entregue para a salvação de todos os homens.

"Uma só coisa é necessária; Maria escolheu a boa parte." Essa resposta de Jesus será muito comentada nos primeiros séculos de vida da Igreja. Santo Efrém não hesita em preferir o amor atuante de Marta, que arruma a casa para melhor receber o Cristo, ao repouso contemplativo de Maria, enquanto outros autores estabelecem a superioridade da escuta da Palavra sobre o trabalho. Orígenes une os dois aspectos quando afirma: "O segredo do amor será apreendido por aquele que se entrega à ação, com a condição de ele se aplicar ao mesmo tempo à contemplação, à doutrina e à ação. Não há ação nem contemplação válidas, uma sem a outra". Já São João Crisóstomo reconhece que Jesus, respondendo a Marta, não censura o trabalho nem a ação, mas quer que se considere o tempo: "Pois não se pode preterir o tempo da instrução espiritual. Advoga-se não o ócio, mas a escuta da Palavra. Defende-se a hospitalidade, sem minimizar o tempo da instrução".

Eis a grande lição: a escuta do Evangelho é o tesouro, a pérola, o único bem necessário ao qual se sacrificam todas as demais ações. Ou, ao menos, deve-se buscar o equilíbrio entre as duas atitudes, ouvir e agir, como prega Santo Ambrósio: "Assim, na livre escolha da vocação, a vida ativa e a contemplativa devem se conjugar, pois, se Marta não tivesse escutado a Palavra, ela não teria assumido o serviço".

* * *

Senhor, que eu seja grato e expulse do meu coração toda ingratidão. A salvação, trazida por Vós, cura nossas feridas, purifica nossa alma e transforma desunião em união. Atento ao Evangelho e ao Vosso chamado, que eu ilumine este mundo e seja sinal de salvação e de paz, no louvor a Vós e no serviço a todos. Pela Encarnação, Jesus está unido inseparavelmente conosco. Que reconheçamos em cada rosto humano os vestígios da Sua glória! Amém.

PARA REFLETIR

TODO SER HUMANO É MULTIFACETADO. Não somos planos. Cada um de nós pode ser visto por mais de um ângulo, com resultados diferentes. A soma deles forma o todo. Mas, se temos vários lados, temos apenas dois polos ativos: a ação e a contemplação. Não se iluda: contemplar é agir, é fazer algo que leva a uma consequência mais ou menos profunda, dependendo da origem do movimento. Se agir é fazer, contemplar também é fazer. Ambas são ações ativas, impulsionadas pela vontade de fazer, seja agir, seja contemplar.

Há mais beleza no ato de construir a casa ou há mais beleza no ato de sentar no alto do morro onde irá construir a casa e escolher o ponto mais belo, e se sentar nele e imaginar que é o terraço já pronto e que dele será sempre possível ver o pôr do sol?

Se Marta age, Maria contempla. Qual a mais certa, a que faz ou a que ouve? Será que é possível fazer sempre? Será que é viável contemplar indefinidamente?

O ser humano é ação, reação e contemplação. Nele todas as forças se somam para que, no uso do livre-arbítrio, ele busque ser melhor. Que ele busque se aproximar do ideal ou daquilo que ele imagina o ideal. O ser humano não é a imagem de Deus. Ele faz parte da imagem de Deus, na medida em que a divindade está em tudo e tudo faz parte dela, no amálgama cósmico que une e dá vida ao Universo.

Deus transcende o Universo. Como o ser humano poderia ser semelhante a Deus? Não, a semelhança não é possível a não ser que se inverta a equação. Deus, querendo, pode se fazer à imagem do ser humano. Isso é possível, o contrário, não. Mas cabe a todas as pessoas lutar para se aproximar do ideal, da bem-aventurança, que não é mais que a contemplação e a identificação com o eterno, com a ideia de Deus, dentro dos parâmetros que nossa humanidade pode dar a ela.

Atingir esse estágio não é fácil. Exige ação decidida e contemplação profunda. Exige a soma e a depuração das diversas experiências por que passamos ao longo da vida. Exige o aprendizado em suas duas vertentes, teórica e prática, como exige a capacidade de somá-las para retirar do resultado os ensinamentos que nos levam a um ponto mais próximo do que chamamos felicidade.

Marta e Maria são uma pessoa só, vista sob seus dois ângulos mais dramáticos ou mais exigentes. São qualquer um de nós dividido diante das escolhas colocadas à nossa frente. Dividido entre a vontade de agir e a vontade de contemplar. Ambas exigem entrega, exigem comprometimento. Cumpre escolher, cumpre somar, cumpre aprender, cumpre fazer da melhor forma possível para de noite encostar a cabeça no travesseiro e dormir com a consciência tranquila.

Lc 11,1-4: A oração do Pai-Nosso

1 *Um dia, num certo lugar, estava Jesus a rezar. Terminando a oração, disse-lhe um de seus discípulos: "Senhor, ensina-nos a rezar, como também João ensinou a seus discípulos".* **2** *Disse-lhes ele, então: "Quando orardes, dizei: Pai, santificado seja o vosso nome; venha o vosso Reino;* **3** *dai-nos hoje o pão necessário ao nosso sustento;* **4** *perdoai-nos os nossos pecados, pois também nós perdoamos àqueles que nos ofenderam; e não nos deixeis cair em tentação".*

21 — Rezar

PARA MEDITAR

No TEMPO DE JESUS, A ORAÇÃO FORMAL era realizada três vezes ao dia, e os rabinos tinham uma para cada ocasião. Jesus é um homem de oração constante, mas alerta os discípulos contra todo tipo de formalismo que pudesse conferir um cunho impessoal e mecânico às preces. A propósito disso, Cromácio de Aquileia nos lembra: "Segundo as palavras do Mestre, nossa oração não é medida pela prolixidade de palavras, mas pela fé do coração e pelas obras de justiça". São Cirilo de Alexandria também refletiu sobre o assunto: "A loquacidade será chamada de 'battologia', palavra proveniente do nome de um grego chamado Batto, autor de longos hinos, prolixos e cheios de repetições, em honra dos ídolos. Ao contrário, Jesus ordena orar com brevidade, sóbria e sucintamente, pois Deus conhece nossas necessidades antes mesmo que as exponhamos".

A pedido dos Apóstolos, Jesus comunica-lhes sua prece filial, a oração do Pai-Nosso. Preciosa herança, conservada pela Igreja, que a transmite, solenemente, por ocasião do batismo. Ela exorta àquele que é batizado a renovar em seu coração o santo mistério da oração do Senhor. O Apóstolo São Paulo invoca a "tradição" de dizê-la na celebração eucarística. O próprio Jesus oferece constantes exemplos e belos ensinamentos a respeito de uma vida dedicada à oração, característica essencial dos que desejam entrar no Reino dos Céus.

A tradição não deixa de citá-la. A Didaqué, ou Doutrina dos Doze Apóstolos (anos 60-80 d.C.), antes de transcrever o Pai-Nosso, determina: "Assim orareis três vezes ao dia". A recomendação de "entregar" essa oração aos catecúmenos, ou seja, àqueles que se preparam para ser batizados, devidamente comentada é feita por muitos Padres, entre os quais Tertuliano, São Cirilo de Jerusalém, Santo Agostinho e São Pedro Crisólogo. Ao comentar o Pai-Nosso, São Cipriano, por exemplo, faz importantes recomendações, entre elas a de lembrarmos que, ao se dizer "santificado seja o vosso nome", não estamos santificando o Senhor com nossas orações, "mas pedimos a Ele que o seu nome seja santificado em nós".

Desejamos ser uma proclamação de fé e ter uma vida voltada para Deus, no cumprimento de Sua santíssima Vontade. Desse modo, estaremos santificando o nome de Deus e abrindo o coração aos nossos semelhantes. De fato, na oração dominical não dizemos "meu" Pai, mas "nosso" Pai, e suplicamos "nosso" pão de cada dia. Imploramos o perdão de "nossas" dívidas, assim como perdoamos aos "nossos" devedores (aos que nos ofenderam). Portanto, ao rezar o Pai-Nosso o discípulo de Jesus recorda que Deus o ama e, mergulhado em Sua inefável misericórdia, abandona todo o egoísmo e se abre à comunhão com os irmãos, no perdão e no amor.

Santo Agostinho considera que, assim como no Símbolo dos Apóstolos (Credo) se professam as verdades da fé cristã, no Pai-Nosso se proclama a virtude teologal da esperança, à qual se segue a caridade: "A confissão de fé está contida brevemente no símbolo. A oração do Pai-Nosso, sob o ponto de vista material, é alimento dos pequenos. No entanto, contemplada e tratada espiritualmente, ela é alimento dos fortes, pois permite nascer nos fiéis a nova esperança à qual acompanha a santa caridade". Podemos concluir aqui com as palavras do bispo de Hipona: "Por conseguinte, só a Deus devemos pedir a força espiritual esperada para fazer o bem e para alcançar o fruto das boas obras".

Pela oração assídua do Pai-Nosso, será fortalecida nossa comunhão com Deus e com a Sua santíssima Vontade. Ela nos conduzirá a tudo esperar de Deus, colocando-nos no serviço generoso e despretensioso aos nossos semelhantes.

* * *

Senhor, meu Deus, atendei com misericórdia à minha prece. Não só a minha, mas a de todos aqueles que se dirigem a Vós. Lançai um olhar de bondade sobre os que estão angustiados, os que lutam contra as dificuldades da vida e os que choram. Dai a todos esperança e paz! Amém.

Para refletir

Não adianta rezar automaticamente 45 vezes a mesma reza. Como não adianta puxar o terço inteiro, mecanicamente, sem entrega da alma. Se não houver fé na oração, ela não é oração. Deus está dentro de nós porque nós participamos da vida de Deus. Na imensa ordem cósmica, todo grão de areia, por menor que seja, é parte do todo eterno e infinito que é Deus.

Deus está dentro de nós, Deus está antes e depois de nós, Deus está desde antes do começo dos tempos, porque foi ele que criou o tempo, e dentro dele.

Porque está dentro de nós, mas está também antes e depois de nós, Deus sabe nossa vida inteira, nossas virtudes e nossos defeitos, nossas vontades e nossa temeridade, nossa necessidade e nosso arrependimento. Sabe o que ainda não fizemos, o que já foi feito e causou dor, o que foi feito e causou alegria.

Deus sabe a nossa felicidade e a nossa tristeza. Sabe dos nossos encontros e dos nossos desencontros. Por isso sabe também se uma oração é um pedido sincero ou uma mera prestação de contas, seguida de uma promessa que não será cumprida, como não comer chocolate durante três meses.

Rezar só tem sentido quando a reza, mais que um pedido, for uma prestação de contas, um agradecimento por ter feito ou não ter feito, por ter sido a melhor solução.

O "Pai-Nosso" é a oração perfeita para o cristão. Nele louvamos a Deus, o reconhecemos como a divindade suprema e agradecemos a Deus o pão nosso de cada dia, não como um presente caído do céu, mas como a possibilidade de ganhá-lo honestamente, como decorrência do trabalho digno e justo para sustentar a família.

Rezando o Pai-Nosso, assumimos o compromisso de perdoar a quem nos tem ofendido com a mesma compaixão que Deus também perdoa nossas ofensas. O perdão não é uma encenação para mostrar caridade ou grandeza. O perdão é sincero, nascido no mais fundo de nossa alma, para servir de contraponto humano para a generosidade divina.

Rezar é abrir a alma, mostrar o mais escondido, o que temos vergonha até de pensar, mas sabemos que está lá e que cobra seu preço, diariamente, como uma hemorragia que precisa ser estancada e cujo segredo é a palavra ou o gesto que perdoa.

Pedir é fácil. Duro é dar. Rezar é dar e é agradecer a possibilidade de dar. Por isso a oração é o grande remédio que alivia as dores da alma, sem as quais o corpo também fica aliviado.

Lc 11,27-28: Verdadeira bem-aventurança

27 *Enquanto ele assim falava, uma mulher levantou a voz do meio do povo e lhe disse: "Bem-aventurado o ventre que te trouxe, e os peitos que te amamentaram!".* **28** *Mas Jesus replicou: "Antes bem-aventurados aqueles que ouvem a palavra de Deus e a observam!".*

22 – Entrega

PARA MEDITAR

MUITAS VEZES PEDIMOS AS BÊNÇÃOS DE DEUS para nossa família, amigos e conhecidos sem entender que para isso é preciso haver entrega e comunhão. Quando uma mulher anônima, em meio à multidão, eleva a voz em louvor à Virgem Maria, Jesus não a contradiz nem a repreende. Aliás, na visita que fez à sua prima Isabel, a própria Maria já se pronunciava a respeito da dádiva divina que lhe fora anunciada pelo Anjo do Senhor com as seguintes palavras: "Todas as gerações me proclamarão bem-aventurada" (Lc 1,48). Mas Jesus aproveita a intervenção da mulher do povo para esclarecer que a fonte da bênção e da felicidade nesta vida é a comunhão com Deus. Realidade representada por sua Mãe. Humilde e obediente, Maria submeteu-se ao plano de Deus.

Ela é bem-aventurada não só por ser a mãe de Jesus, pois a Palavra de Deus se fez carne em seu seio, mas, sobretudo, porque ela se coloca totalmente a serviço dessa Palavra: "Eis aqui a serva do Senhor. Faça-se em mim segundo a tua palavra" (Lc 1,38). Maria atende à palavra anunciada pelo anjo e nela crê. De fato, logo em seguida, Jesus proclama: "Antes bem-aventurados aqueles que ouvem a palavra de Deus e a observam". Mostra, assim, a grandeza de sua Mãe, modelo para todos os que o seguem. Conforme seu costume, Jesus quer elevar o espírito dos que o escutam, fazendo-os passar do ponto de vista material ao espiritual. Para quem o segue, o que conta não é a carne nem o sangue, mas a fé. E eis Maria, mulher de fé, que nos será dada como mãe. Mãe de todo discípulo de Jesus, representado pelo Apóstolo São João, a quem, do alto da cruz, Ele dirigiu as seguintes palavras, depois de indicar Maria: "Eis aí tua mãe".

Portanto, o objetivo final de nossa vida é a união com Deus. Fomos criados para Deus e nossos corações permanecerão inquietos até que repousem Nele. Os que seguem Jesus e procuram realizar a Sua vontade fazem parte de uma família, a família dos "santos", já neste mundo e, futuramente, no céu. Nossa adoção como filhos e filhas de Deus transforma nosso relacionamento e exige uma nova ordem de lealdade com o Pai. Escreve Santo Agostinho: "De nada teria Maria aproveitado de seu parentesco físico, se não houvesse sido bem-aventurada por levar Jesus em seu coração, mais que em sua carne". O Senhor quer que Sua Palavra seja recebida com fé e esteja presente em nós, como se fez presente em Maria. Ainda é Santo Agostinho quem coloca nos lábios de Jesus a resposta à mulher do povo: "Também minha mãe, que tu chamas de bem-aventurada, ela o é porque acolhe a Palavra de Deus, não simplesmente porque nela o Verbo se fez carne e habitou entre nós". A fé é o acolhimento da Palavra do Senhor. É a semente que nos faz florescer para a vida divina e nos torna participantes da bem-aventurança. Maria é modelo e estímulo para todos os que seguem o divino Mestre e vivem Seus ensinamentos.

* * *

Ó Mãe, uni vossos rogos aos nossos e que assim possamos sentir Jesus nos abraçando e nos acolhendo junto ao seu coração amoroso. Intercedei por mim e por aqueles pelos quais eu rezo. Amém.

Para refletir

Graça seria alcançar a perfeição durante a própria vida. Ninguém é perfeito 24 horas por dia. A perfeição é um atributo de Deus. Só Ele é perfeito porque só Ele é completo. Como o ser humano é incompleto, a graça para Ele é relativa, se apresenta em determinados momentos, para ser substituída por outra realidade pouco tempo depois e muitas vezes sem uma razão inteligível.

Quem somos nós para entender como a vida caminha, por que as coisas acontecem, por que alguém está no lugar certo, na hora certa, enquanto outro está no lugar errado, na hora errada?

O destino a Deus pertence. Por que 50 mil pessoas são assassinadas anualmente no país chamado Brasil? Por que umas vivem e outras morrem nesse banho de sangue sem sentido?

Quem somos nós para explicar o que quer que seja sobre os mistérios e as razões que transcendem nossa capacidade de entender a vida?

Bem-aventurados os que acreditam firmemente. Bem-aventurados os que dizem "faça-se em mim a Sua vontade". Os que se entregam em nome de uma fé suficientemente forte para dar-lhes forças diante dos maiores desafios. Para dar a coragem de enfrentar a vida sem medo, sabendo que não é fácil, que depois de um dia feliz vem outro menos feliz e outro que traz dor e tristeza.

Bem-aventurados os que têm o desprendimento de se entregar de corpo e alma, ativamente, por vontade própria, por decisão sua, sem temer as consequências, por mais duras que elas possam ser.

O exemplo de Nossa Senhora é absoluto. Não precisa de explicação. O próprio ato de aceitar ser a mãe do Filho de Deus mostra a dimensão de sua fé, de seu caráter, de sua certeza quanto à escolha.

Quem tem coragem de ser pai ou mãe de Deus? Quem suporta a carga de trazer ao mundo a divindade, com tudo de imenso e incomensurável que o infinito e a eternidade trazem dentro de si?

Bem-aventurados os que durante a vida são atingidos pela bem-aventurança passageira, que é o máximo que nossa imperfeição consegue assimilar. Bem-aventurados os que escolhem e são fiéis às suas escolhas, ainda que elas sejam árduas e tragam consequências difíceis. A paz é sua recompensa. E, ainda que seja passageira, a paz de espírito paga todos os preços.

Lc 9,43-45: Segundo anúncio da Paixão

43 *Todos ficaram pasmados ante a grandeza de Deus. Como todos se admirassem de tudo o que Jesus fazia, disse ele a seus discípulos:* **44** *"Gravai nos vossos corações estas palavras: O Filho do Homem há de ser entregue às mãos dos homens!".* **45** *Eles, porém, não entendiam essa palavra e era-lhes obscura, de modo que não alcançaram o seu sentido; e tinham medo de lhe perguntar a esse respeito.*

23 – Superação

PARA MEDITAR

O PRIMEIRO ANÚNCIO DA PAIXÃO DEU-SE APÓS a confissão de São Pedro, quando o Mestre e Seus discípulos se encaminhavam para Cesareia de Filipe, e o Apóstolo o reconheceu como "o Cristo de Deus". Na ocasião, Jesus confere a Pedro uma função de primeiro plano em sua Igreja: "Tu és Pedro e sobre esta pedra edificarei a minha Igreja". Pedro, porém, não tinha ainda compreendido a extensão da missão do Mestre. Era difícil para ele aceitar que, antes de subir aos céus em Sua glória, Jesus tivesse de ser perseguido e morto. As palavras seguintes do Senhor tornam-se ainda mais difíceis de ser assimiladas. Pois Ele acrescenta que o Seu sofrimento e Sua morte dolorosa constituem lei espiritual válida para todos os Seus discípulos. Também eles seriam submetidos ao martírio. O caminho dos discípulos teria de ser o mesmo do Mestre, ou seja, o caminho da dor e da cruz.

O segundo anúncio deu-se após a Transfiguração de Jesus e depois de São Pedro externar o desejo de perpetuar aquele momento de glória. Escreve São Cirilo de Alexandria: "Jesus tinha conduzido Pedro, Tiago e João ao alto da montanha e lá se transfigurou diante deles, seu rosto resplandecia como o Sol. Mostrou-lhes a glória com a qual, no tempo devido, ressuscitaria dos mortos. Ele os prepara para que a hora da cruz e de Sua morte não fosse ocasião de escândalo". Mesmo assim, os discípulos ficam assustados e com medo. Reação natural diante do mistério revelado por Jesus. Nas palavras de São Jerônimo, eles temiam a Paixão do Senhor: "E embora tremessem ao ouvir falar que sofreria muito e seria morto, também deveriam se alegrar ao ouvir que haveria de ressuscitar no terceiro dia".

De início, os Apóstolos não compreendem com clareza as palavras de Jesus. Só mais tarde, sobretudo, graças ao Espírito Santo, eles compreenderão que foi justamente em Sua morte que o Filho de Deus se uniu profundamente ao ser humano, identificando-se com ele na solidão da morte na cruz. Pasmados, reconhecem que o modelo eterno e imortal se une com a imagem pecadora e mortal. Eles serão, então, testemunhas de Jesus e darão a vida por Ele. O sangue dos que oferecem a vida pela verdade se une ao sangue de Cristo no Calvário e, portanto, ao sangue eucarístico que comunica ao mártir a esperança da comunhão eterna. Como disse Santo Inácio de Antioquia, o martírio antecipa o nascimento do corpo de glória e o mártir participa da geração eterna do Filho de Deus.

* * *

Senhor Jesus, o mistério de Vossa morte e ressurreição nos trouxe vida e liberdade. Deu-nos a certeza de que o amor não desmorona no portal da morte. Ele já é a presença do eterno em nós, que transcende a morte e permite colocar-nos desde agora na doação generosa e gratuita de nossa vida em favor de nossos irmãos e irmãs. Amém.

PARA REFLETIR

TODO SER HUMANO TEM UM DESTINO. Nem sempre nós o compreendemos ou sabemos por que as coisas acontecem de determinada maneira. Isso nos dá medo. Medo do desconhecido, medo de errar, medo de fazer mal-feito, medo de não dar conta. É humano ter medo. Todos nós, cada um à sua maneira, temos medo e reagimos ao medo de forma a nos protegermos e protegermos os que nos são queridos: a família, a pessoa amada, os amigos, os companheiros. O medo é a mola do mundo. Nenhum sentimento é mais forte do que ele. Entre os medos que nos afligem nenhum é mais terrível do que o medo do desconhecido, do futuro, do que ainda não aconteceu. Um homem tem medo de cachorro, outro do escuro, um terceiro de andar de avião. São medos conhecidos, que sabemos que temos e diante dos quais conhecemos a nossa reação.

O medo do desconhecido é mais complicado de ser trabalhado. Por isso, a solidariedade é uma das principais forças humanas. É mais fácil enfrentar a vida lado a lado com outras pessoas do que sozinho. É mais fácil crescer somando forças do que caminhando só. Duas pessoas são mais fortes do que uma. Três são mais fortes do que duas. Da mesma forma, duas cabeças pensam melhor do que uma. E três pensam melhor do que duas. A união faz a força. A soma de pequenas forças cria uma grande força. Um telhado não se apoia apenas na viga mestra. Quem sustenta o peso são as tábuas menores, que saem da viga mestra que dá estrutura ao conjunto. Assim é também na vida. O grupo é composto de indivíduos. Cada um tem sua personalidade, seu jeito, acredita nas suas verdades, age como lhe parece melhor.

Para caminhar avante é preciso encarar os desafios, enfrentar as dificuldades, encontrar as soluções para ultrapassar as barreiras, construir pontes para atravessar os rios, fazer mutirões para erguer as casas. Providenciar o alimento de cada dia. Para isso é preciso superar o medo e enfrentar o espanto.

Lc 13,23-30: A porta estreita

23 Alguém lhe perguntou: "Senhor, são poucos os homens que se salvam?". Ele respondeu: **24** "Procurai entrar pela porta estreita; porque, digo-vos, muitos procurarão entrar e não o conseguirão. **25** Quando o pai de família tiver entrado e fechado a porta, e vós, de fora, começardes a bater à porta, dizendo: Senhor, Senhor, abre-nos, ele responderá: Digo-vos que não sei donde sois".

24 – ALTERNATIVAS

PARA MEDITAR

"SÃO POUCOS OS HOMENS QUE SE SALVAM?" Quem se salvará? São perguntas feitas a Jesus. Sua resposta mostra que o mais importante não é saber quantos entrarão no reino de Deus, mas é decidir-se por Deus. Por isso, responde-lhes: "Procurai entrar pela porta estreita; porque, digo-vos, que muitos procurarão entrar e não o conseguirão". São Cirilo de Alexandria observa que o interlocutor "queria saber se seriam poucos os que se salvariam, mas Jesus lhe fala da estrada que conduz à salvação". O Senhor reporta-se ao essencial: a opção necessária para entrar pela porta estreita. Nesse sentido, os Santos Padres dizem estar Ele indicando a "porta do céu", que só pode ser transposta por uma fé firme em Deus e uma moralidade isenta de mácula. De fato, essa é "a nossa porta", presente no sonho de Jacó, embora invisível aos nossos olhos, que se abre para o átrio divino.

São Jerônimo nos diz que passar por ela significa estar vigilante "para o dia do julgamento, o que exige de nós a necessidade de mantermos constantemente a lâmpada acesa pela luz de nossas boas obras". São Cirilo de Jerusalém destaca a exigência do jejum para se passar pela porta estreita, "graças ao qual se rechaça com energia a perdição". A porta ampla é reservada aos que, por seu comportamento pecaminoso, ignoram a Lei. Embora Jesus lhes diga: "Afastai-vos de mim, vós todos, que sois malfeitores!", Ele não quer declarar uma rejeição definitiva dos pecadores. Seu desejo é que todos se salvem. Suas palavras são um apelo para que "os pecadores mudem a direção do caminho trilhado por eles" e possam igualmente passar pela porta estreita. Para Santo Agostinho "o alimento que se come e se bebe, ao longo do caminho da vida, é Cristo, o Cordeiro imaculado. Oxalá todos Dele se alimentem de modo a não merecerem o castigo!".

O texto termina com a afirmação de que "os últimos serão os primeiros e os primeiros serão os últimos", anunciando a eleição dos povos pagãos. A expressão "há primeiros" é partitiva, o que sugere a existência de outros primeiros, também israelitas, os quais, por sua adesão a Cristo, continuarão a ser os primeiros. Igualmente, os últimos, os pagãos, nem todos serão, automaticamente, admitidos na Aliança de Abraão.

* * *

Ó Senhor, ajudai-nos a confiar sempre em Vossa graça salvadora. Vós sois um Deus que cura nossas enfermidades e perdoa nossos pecados. Como um pai, Vós tendes piedade de Seus filhos e filhas. Renovai nossa vida e dai-nos coragem e força para resistir às tentações, presenteando-nos com dons e com a capacidade de Vos amar sempre mais. No Vosso perdão, somos despidos de nosso sentimento de culpa. Amém.

Para refletir

Ao longo da vida as pessoas vão se deparando com situações as mais variadas, que exigem respostas também as mais variadas. A longa estrada não é sempre igual. Em alguns trechos é larga, em outros, estreita. À direita tem sombra, à esquerda tem água. Trechos planos dão lugar a íngremes subidas. Os platôs descem em curvas suaves, que se transformam em ladeiras. Aqui um pouso para descanso, ali o risco de tempestades, mais à frente, de bandidos. Enfim, ninguém tem uma vida fácil. Ninguém encosta nos barrancos e fica vendo a vida passar sem ser atingido por ela, mais cedo ou mais tarde.

Cada um pode escolher, até um determinado ponto, o que quer fazer de sua vida. Mas mesmo essa escolha não é absoluta. Existem situações em que estamos no lugar errado, na hora errada. Aí tanto faz querer ou não querer, é a sorte que vai decidir se levamos o tiro da bala perdida, se somos atropelados, se as coisas não caminham como deveriam caminhar.

Nesses casos, pouco podemos fazer, da mesma forma que, quando estamos no lugar certo, na hora certa, também temos uma ingerência mínima em eventos cujas consequências, independentemente de nossa vontade, acontecem a nosso favor. É a vida. É o imenso mistério da vida, da qual fazemos parte, ainda que não a entendamos, a não ser num grau mínimo, mas capaz de nos dar vontade de ficar, de não ter que sair, até mesmo quando a vida pega pesado.

Cabe a nós, dentro de nossas imensas limitações, tomar decisões. Ao longo da vida temos que fazer, temos que optar, temos que decidir. Uns desviam um pouco, outros entram de cabeça, mas não há como fugir. Precisamos decidir, enfrentar situações boas e ruins, passar momentos leves e pesados. É nessa hora que prevalece o livre-arbítrio, nosso dom sagrado de decidir o nosso destino, dentro de nossas possibilidades.

As alternativas estão à nossa frente. Podemos escolher as mais fáceis, podemos escolher as mais difíceis, podemos escolher as mais acertadas. Cabe a cada um de nós fazer as escolhas. Não adianta tentar fugir, a fuga não leva a nada, apenas adia a solução, o que invariavelmente está longe de ser uma solução.

Há várias portas diante de nós. Largas, estreitas, altas, baixas, fechadas a chave, encostadas, escancaradas. Num determinado momento, temos que escolher uma. A escolha é pessoal. Mas qual? A mais fácil, a mais difícil? Qual se presta ao caso, de acordo com a situação exposta? A escolha é sua. A escolha é minha. A escolha é de todas as pessoas que enfrentam uma determinada situação. E cada escolha é única. E o que é certo para você pode ser errado para mim, e vice-versa. O que serve para mim não serve para você, nem para mais ninguém, porque cada um de nós é um ser único, com necessidades, expectativas e vontades também únicas, que fazem de cada decisão um ato intransferível e definitivo.

A porta mais larga nem sempre é a porta correta. A estrada e seus detalhes fazem com que cada porta sirva para uma pessoa, em determinada situação. Escolher a porta certa é uma arte. Requer competência, comprometimento, coragem e vontade de fazer bem-feito. Cada dia é um novo dia. Cabe ao ser humano se preparar para ele da melhor maneira possível, até quando tudo parece inútil, quando tudo parece perdido, quando a vida surge sem sentido.

Lc 14,12-14: Escolha dos convidados

12 *Dizia igualmente ao que o tinha convidado: "Quando deres alguma ceia, não convides os teus amigos, nem teus irmãos, nem os parentes, nem os vizinhos ricos. Porque, por sua vez, eles te convidarão e assim te retribuirão.* **13** *Mas, quando deres uma ceia, convida os pobres, os aleijados, os coxos e os cegos.* **14** *Serás feliz porque eles não têm com que te retribuir, mas serás recompensado na ressurreição dos justos".*

25 – Recompensa

Para meditar

Jesus censura os escribas e fariseus pelas suas práticas meramente exteriores. Eles se arvoram em juízes de seus conterrâneos, apresentando-se como modelos a ser imitados. Porém, canalizam para eles e não para Deus a glória e o reconhecimento do povo. Transformam a prática da fé "em fardos pesados e os põem sobre os ombros dos homens, mas eles mesmos nem com um dedo se dispõem a movê-los", usando as palavras de Jesus quando denunciou a hipocrisia dos fariseus e escribas, que diziam o que fazer, mas eles próprios não o faziam. A fé, fonte de alegria e de paz no serviço dedicado a Deus, deixa de ser uma adesão pessoal para se reduzir a uma carga difícil de ser transportada. Ora, Jesus revela ser Ele o caminho para Aquele que vem a nós na soberana liberdade do Seu amor. À medida que o trilhamos, ele se torna leve e a graça divina nos prepara para o encontro com o Pai. Ao longo desse caminho vicejam a alegria, a justiça, a santidade e a verdadeira felicidade. Do discípulo exige-se, tão unicamente, o desapego. Ideia já presente no Antigo Testamento, pronunciada também por Jesus, nos conduz ao Sermão da Montanha: "Fazei o bem e emprestai sem esperar coisa alguma em troca. Será grande a vossa recompensa e sereis filhos do Altíssimo".

A visão de uma recompensa não é excluída, contanto que seu objeto seja o cumprimento do amor, em união com Cristo. Amor totalmente desinteressado, dadivoso e gratuito. É o caminho da fé. Só ela e o desapego podem abrir o coração para os bens eternos. Por isso, no Evangelho, Jesus recomenda que não se convidem "os teus amigos, nem teus irmãos, nem os parentes, nem os vizinhos ricos. Porque, por sua vez, eles te convidarão e assim te retribuirão. Mas, quando deres uma ceia, convida os pobres, os aleijados, os coxos e os cegos. Serás feliz porque eles não têm com que te retribuir, mas serás recompensado na ressurreição dos justos". O discípulo do Senhor não compartilha a mesa com outros para se assegurar de uma retribuição ou obrigação recíproca de favores. A solicitude que ele demonstra para com os necessitados reflete a solicitude de Deus para conosco.

Jesus exorta Seu seguidor a adotar uma atitude totalmente desinteressada e garante que a recompensa virá na ressurreição dos justos. A propósito, Santo Irineu pergunta-se: "Onde estão os cêntuplos prometidos neste mundo pelos alimentos oferecidos aos pobres? Terão lugar nos tempos do Reino, no sétimo dia, santificado quando Deus repousou das obras que tinha feito. Esse é o verdadeiro dia de festa dos justos. Eles terão uma mesa preparada por Deus, que os nutrirá com todo tipo de iguaria".

Para participar do banquete celestial há um critério infalível: o amor fraterno.

* * *

Senhor, ao longo de nossa vida, Vós nos protegestes e consolidastes em nossos corações a serenidade e a paz. Que o peso da Vossa compaixão faça pender a balança até que sintamos em nosso coração a mesma compaixão que Vós tendes por todos nós. Amém.

Para refletir

Sua casa é sua, como sua vida. Ninguém vai vivê-la em seu lugar. Você nasce, cresce, vive e morre. Não há como transferir nenhum desses passos. Por isso, assim como sua vida é sua, sua casa também é sua. Só você é responsável por elas – pela casa e pela vida. Só você tem o direito de convidar quem você escolher para entrar numa e partilhar a outra. Seus amigos são escolha sua. Seus desafetos também são escolha sua. Seus parentes são escolha do destino, que o colocou aqui ou ali, como poderia colocá-lo em outros lugares.

Nesse cenário as escolhas são importantes. Quem eu quero próximo, quem eu quero distante, são decisões inadiáveis, porque, se não forem tomadas, podem comprometer sua vida, podem sujar sua casa.

Cada um sabe de si e da vida que deseja ter. A vaidade é um perigo enorme. Em nome dela somos capazes de perder o foco do que realmente importa. Do que vale a pena, do que justifica uma vida boa e correta, baseada nos princípios fundamentais da bondade e da honestidade.

A razão de ser do homem é viver sua vida da melhor forma possível, para, ao final do caminho, poder olhar para trás e ter certeza de que valeu a pena, que sua passagem pela terra não será uma mera marca que o vento da tarde apaga. Ninguém permanece aqui para sempre, nem será lembrado para sempre. Faz parte do destino do ser humano ser esquecido. Quantas e quantas pessoas que até ontem faziam parte de nossa vida hoje são uma lembrança embaçada, de quem mal dá para enxergar os detalhes da face? Se isso acontece em um intervalo de poucos anos, o que dizer da distância de séculos? Mas ser esquecido não quer dizer ser apagado. Cada um de nós permanece na noção de eternidade, onde o tempo não tem começo nem fim. E permanece nos descendentes, como permanece no bem e no mal que praticamos.

Viver bem é a melhor vingança. Nenhum ser humano nasceu para viver só. Se fosse assim, não haveria o amor, não haveria a vontade de repartir, não haveria a mão estendida, não haveria a magia – ou a poesia – do encontro, da descoberta e da entrega. Cada um se bastaria dentro de si mesmo e o mundo seria um lugar triste, onde o pôr do sol não seria bonito e a lua cheia seria apenas um fenômeno da refração da luz, em função do movimento dos astros.

Viver bem é escolher os amigos, escolher os parceiros, escolher os companheiros de jornada e dividir com eles todos os momentos ao longo do caminho, os bons e os difíceis, aqueles em que estamos por cima e aqueles em que estamos por baixo.

A escolha dos convidados para nossa casa é o ato mais importante entre todos os que praticamos durante a vida. Quem nós colocamos ao nosso lado faz a diferença. Escolher bem é mais do que ser inteligente, é dar um sentido positivo à vida. E as escolhas são amplas, vão da fé ao jogo de futebol. Da companheira ou do companheiro aos amigos. Escolhemos com quem queremos trabalhar e também quem desejamos que seja apenas um conhecido. Todas as escolhas têm consequências. Todas deixam marcas. São elas, em última instância, que pautam nossa vida e nos permitem, ao final dela, dizer: "Valeu a pena. Eu faria tudo outra vez".

Mt 22,16-21: Dar a César o que é de César

16 *Enviaram seus discípulos com os herodianos, que lhe disseram: "Mestre, sabemos que és verdadeiro e ensinas o caminho de Deus em toda a verdade, sem te preocupares com ninguém, porque não olhas para a aparência dos homens.* **17** *Dize-nos, pois, o que te parece: É permitido ou não pagar o imposto a César?".* **18** *Jesus, percebendo a sua malícia, respondeu: "Por que me tentais, hipócritas?* **19** *Mostrai-me a moeda com que se paga o imposto!". Apresentaram-lhe um denário.* **20** *Perguntou Jesus: "De quem é esta imagem e esta inscrição?".* **21** *"De César" – responderam-lhe. Disse-lhes então Jesus: "Dai, pois, a César o que é de César e a Deus o que é de Deus".*

26 – A cada um o que é seu

Para meditar

As autoridades judaicas queriam colocar Jesus em uma situação difícil quando lhe fizeram a pergunta sobre o pagamento do imposto devido ao Império Romano. Havia um ressentimento popular diante do odiado imposto, o que colocaria a população contra Jesus caso sua resposta fosse positiva. Se dissesse não, estaria fornecendo aos Seus adversários elementos para uma acusação política e, assim, obteria de Pilatos a sua condenação. Aliás, é o que vão alegar em seu julgamento. O diálogo, em seu início, reflete a hipocrisia de Seus adversários. Na saudação obsequiosa, eles destacam que Jesus "é verdadeiro", que seus ensinamentos refletem liberdade, pois Ele "não olha para a aparência dos homens".

Após mostrar que conhecia bem a má-fé dos Seus adversários, Jesus dá a eles uma lição incontestável, que se apoiava na realidade testemunhada pela própria moeda. A seguir, como de costume, Ele amplia o debate. Primeiramente, Jesus expõe "um princípio geral", válido no domínio político-religioso, para só então se colocar acima do político e recordar os direitos de Deus. Contra a pretensão de dominação religiosa, Jesus afirma a realidade do domínio político ao dizer: "Dai a César o que é de César". Contra o domínio totalitarista e a ingerência indevida no religioso, o cesarismo, Ele afirma os direitos superiores de Deus, os quais devem ser respeitados, ou seja, dar a Deus o que é de Deus. São João Crisóstomo dirá mais tarde: "O preceito de dar a César o que é de César se estende ao que não se opõe ao serviço devido a Deus. Caso contrário, não seria mais um tributo pago a César, mas a Satã!".

Há, sem dúvida, um profundo significado nas palavras de Jesus. Ele nos recorda que trazemos em nós a imagem (*sfragis*) de Deus, pois fomos criados à Sua imagem e semelhança. Tertuliano observa que se deve dar a César a imagem de César que se encontra na moeda, e a Deus a imagem de Deus que está no homem: "Assim, darás a César a moeda e tu te darás a Deus". Na opinião de Ghiorghiu Flóróvski (1893-1979), um dos mais destacados teólogos contemporâneos, Cristo não trouxe aos homens uma carta de liberdade política e de independência, mas uma "carta de salvação", "o evangelho da vida eterna", "a liberdade do pecado e da morte, o perdão dos pecados e a vida eterna", o que causou profunda repercussão na ordem cultural, social e política.

Sem dúvida, a resposta de Jesus foi compreendida pelo fariseu que lhe fez a pergunta maliciosa. Como os demais fariseus, ele considerava as moedas romanas contrárias à Lei por causa da imagem de César nelas gravada. Mas, ao acrescentar que devemos dar a Deus o que é de Deus, Jesus desperta a consciência de todos para o fato de serem imagem de Deus, o que reduz Seus adversários ao silêncio e os leva à admiração. Suas palavras foram hábeis, mas também verídicas. Eis um ensinamento novo, transcendente, que exige ser "meditado em seu coração!", como exclama São Gregório de Nazianzo, que também nos adverte: "O velho Adão foi ultrapassado, o novo o suplantou. Em Cristo nasce uma nova criação: renovemo-nos".

* * *

Ó Senhor, alimentai-nos com a Vossa Palavra e guiai-nos ao conhecimento de Vossa glória. Libertai-nos das guerras, do ódio, da destruição de vidas humanas e fazei-nos respeitar sempre mais nossos irmãos e irmãs, criados à Vossa imagem e semelhança. Amém.

PARA REFLETIR

O QUE É DESTE MUNDO É DO HOMEM, o que é do outro mundo é de Deus. Cabe a nós saber fazer as distinções para que o que é de Deus não se misture com o que é do homem e assim possamos viver de acordo com o que nossa moral diz que é correto, de acordo com o que nossa comunidade espera de cada um de seus integrantes. Ser bom ou ser justo, o que é mais importante? Cada um tem uma resposta e nenhuma é melhor ou pior. Cada uma serve para cada pessoa e não se mistura nem se confunde com a verdade do outro.

Viver é percorrer o caminho da melhor maneira possível. Viver bem é conseguir fazer isso. Para viver bem é necessário aceitar os ônus da vida e dar conta deles, porque é o que nos compete fazer. Se ao poder do homem devemos obediência e temos a obrigação legal de fazer e pagar, o poder de Deus exige de nós o compromisso moral de fazer bem-feito, porque é assim que deve ser.

Se a autoridade pode exigir que se cumpra a lei, a mesma autoridade não tem como exigir que qualquer um de nós creia no que não deseja crer. A ideia de Deus é tremenda. Mas é parte da vida. Até não acreditar em Deus parte da ideia da Sua existência. A negação de Deus tem por base a possibilidade de Ele ser uma certeza.

Deus transcende a ideia de Deus. Não nos é dado, como seres humanos, mergulhar na essência da divindade. Participamos dela, mas não conseguimos ver o todo. Por isso, Deus existe apesar de se tentar negar Sua existência. Ele existe muito além da capacidade humana de pretender negar Sua existência. Ele existe além do tempo, além do espaço, porque o tempo e o espaço são partes de Deus.

Da mesma forma que nós participamos Dele, a Terra foi criada por Ele. E as estrelas e os cometas e os buracos negros e a negação de tudo isso, porque Deus é esse lado e seu avesso. Deus é completamente. Sem interrupção, sem cicatriz, sem presente, sem passado e sem futuro, eterno e atemporal.

Por isso, a César o que é de César e a Deus o que é de Deus. O que é do homem o bicho não come, mas o que é de Deus está além da capacidade do próprio homem de pretender retirar de seu semelhante. A fé de cada um é um milagre em si mesmo, ou um templo erguido além da possibilidade de sua destruição. O que é do homem o homem pode retirar, o que é de Deus nenhum homem consegue tomar.

Este livro, composto na fonte fairfield,
foi impresso em pólen soft 70g/m² na Imprensa da Fé.
São Paulo, Brasil, abril de 2014.